感谢蜗牛景区管理集团对本书出版的大力支持

中国旅游发展年度报告书系
Annual Development Report of China's Tourism

中国旅游景区发展报告（2018）

CHINA TOURISM SCENIC DEVELOPMENT REPORT (2018)

中国旅游研究院
中国旅游景区协会

北京·旅游教育出版社

《中国旅游景区发展报告（2018）》
编辑委员会

主　任：戴　斌

编　委：（按姓氏音序排序）

戴　斌　何琼峰　蒋依依　李仲广　马仪亮
宋子千　唐晓云　吴丰林　吴　普　杨宏浩

《中国旅游景区发展报告（2018）》
编辑部

主　编：战冬梅

成　员：王莺莺　杨剑平　赵怡虹　李　峰　于晓白　于欣言

序　言

谁的美好生活，又该如何奋斗？

喜欢周庄，喜欢江南，每次来这里演讲，主题和语言都会变得跃动起来，"万丈红尘最温暖""守望苏式生活""近处有风景""寻常生活客自来"，等等，归根结底就是已经渐成常识的这句话，"景观之上是生活"吧。今天，旅游已经成为国民大众的日常生活选项。人们外出旅游已经不再满足于看山看水看历史了，更要体验目的地居民的日常生活，特别是要分享其高品质的生活方式。相对于国民大众对旅游需求的升级，由目的地政府和旅游市场主体主导的供给侧还有很大程度的结构性改革空间。正如习近平总书记在党的十九大报告中指出，中国特色社会主义进入新时代，我国社会主要矛盾已经转化为人民日益增长的美好生活需要和不平衡不充分的发展之间的矛盾。这个重大判断对于包括旅游在内的经济社会发展各领域都是全局性、战略性和总揽性的。我们要牢记初心，不忘使命，始终把人民对美好生活的向往作为奋斗目标。问题是在旅游领域，我们需要弄清楚是谁的生活，是游客的还是居民的？又是由谁来定义美好生活，规划机构、专家学者，还是这块土地上的人？对这个问题的研究思考事实上就是在探索并回答发展旅游的初心和使命。

不同于张家界、九寨沟这样的自然景区，也不同于长城、兵马俑这样的历史人文景区，周庄是人文的、当代的，核心区有上千人、行政辖区有数万人居住的现实生活空间。在我的学术理念中，总觉得把有定居者的村镇——哪怕是古村、古镇称作"旅游景区"有些牵强。这是典型的游客视角、工具理性和消费主义，旅游者是来做客的，世居于此的人民才是这块空间的真正主人。事实上，正是世居者的生产实践和生活需要，包括物质生产、物质需要和文化生产、精神需要，及其历史积淀，才温润了这里历经千年的自然空间。

从这个意义上说，美好生活是由当地人民在生产实践和文明演化中创造的，也是当地居民和外来游客所共享的。值此大众旅游新时代和全域旅游新方位，国家旅游战略应当是推动人民共创共享更平衡、更充分的美好生活。"有一种生活叫周庄"，不仅是过去的，也是当下的，更是未来的，就像是早晨八九点钟的太阳，朝气蓬勃，充满了无限可能。

当且仅当生活在这块土地上的人民有能力保护好历史风貌，更有能力创造属于当代的美丽新生活时，游客才会持续为这里的品质和时尚所吸引，常来常往。这里所说的美丽新生活不是修旧如新的道路、桥梁、水系和住宅，不是大场面、制作精美的实景演出——哪怕是村民的本色出演，而是要看年轻人愿不愿意留下来，还要看他们的子女，子女的子女愿不愿留下来，在这里享受高质量的教育、现代化的医疗和体面而有尊严的工作。这就意味着不能只有传统的生活空间，还要有当代的生活方式和现代化的产业服务，以及公共服务和村镇治理水平。活在当下，向前看，是一个不可逆的进程。任何要求周庄以牺牲居民发展的代价去保存原有生活状态，来满足旅游者观光需求的想法都是错误的，不符合以人民为中心的发展理念，在现实中也是行不通的。设想有一天，所有的原住民特别是年轻人都走了，只有老人家留下来追忆的逝去的繁华和复制的商业，周庄还是周庄人的周庄吗？而没有了周庄人的周庄，游客还会向往吗？

多年以来，无论是世博会的繁荣机遇，还是周边同类古村镇竞争的加剧，镇党委、镇政府和旅游公司始终坚持本土化导向，没有盲目地走"大资本、大项目、大扩张"的模式，而是积极吸纳本地居民就业，收益反哺村落开发、公共治理，尽力提升村民的公共服务水平，可能看上去收入增长不够快，发展有些慢。但是，周庄获得了民心的凝聚和老百姓的点赞，走出了一条发展为了人民、发展依靠人民，有中国特色社会主义的旅游名镇发展道路。相对于每年增长的游客数量和经济收入，相对于项目建设和市场创新，这个理念和道路才是周庄对于中国旅游业乃至世界旅游业所做出的重大贡献。旅游业是当地生产体系和生活方式的有机组成部分，旅游者不是孤立于居民生活和当地发展之外的陌生人，有了人民的认可和拥护，有了政府、企业和居民共同创造美丽生活的决心信心和实践，也一定会有周庄可持续发展的未来。今天在此集会，探讨周庄和国家旅游景区发展的未来，如果能够在"人民对美好生活的向往，持续创造美好生活的能力是新时代旅游发展的根本动力"这一点上达成共识，并成为我们行动的指南，则是善莫大焉。

  当且仅当生活在这块土地上的人民愿意活在当下，更有能力创造未来，为人类命运共同体和人类文明的演化提供新的发展方向和现实样本，才有可能担当国际特色旅游目的地的重任，才会有更多的年轻人，从苏州，从杭州，从上海，从东京，从纽约来到这里。来到这里品味农业文明和商业文明的历史记忆，来到这里分享工业文明和后工业时代的生活品质，来到这里触摸物联网和人工智能为代表的未来质感。这就要求目的地领导者和商业决策者以更加开放的心胸，更加前瞻的视野去引进新元素、新团队和新的生产方式。在现实中就是吸引世界范围内的年轻人来周庄，多停留些时光，多一些研发实践性活动。我注意到这几年围绕"有一种生活叫周庄"也有一些文化创意和旅游基本建设项目上马，但是客观地讲，还是修修补补的小项目，而且以挖掘历史记忆和后流行文化为主，比如雅集漫画摄影什么的，不是说不好，而是少了些敢为天下先的突破性进展。面向未来的生活是什么？到2030年全面建成小康社会、2035年基本实现现代化强国，到2049年第二个一百年中国梦实现的时候，居民和游客向往的美好生活是什么？会是机器人陪伴我们旅游吗？不管工作日程多紧张，总是要有些人、有些时间仰望星空的。世界范围内的年轻人对未来的期待是什么？是时尚，是科技，是如早晨八九点钟的太阳一般朝气蓬勃、充满无限的可能。等90后、00后长大了，很快会成为旅游市场的主力客群，不必担心，他们会像上几辈人那样有理想、有担当，努力工作的，但是他们也要精致而优雅地生活。这就需要我们在公共卫生、教育、医疗、餐饮、酒店、购物、出行等环节下功夫，以高度的自信，升级我们的环境营造和服务标准。

未来导向的生活方式从来不是专家学者或者某个权威机构规划出来的，而是由本地居民的生产实践和生活追求创造出来的。多年来，我们在工程、城市、项目等标准化领域规划的成功很容易让人觉得国民生活方式，特别是面向未来的精神文化方式也是可以规划设计的，都有意无意地忘记了"人民群众是历史的创造者"这个历史唯物主义的真理，忘记了"让人们在更多可能方向上自由地探索"才是人类文明正向演化的保障。对于周庄来说，适度有序地扩大常住人口，特别是不同文化背景的年轻人的比重，持续提升目标客群的停留时间，形成国际范、中国风的旅居结合生活空间是当务之急。只有人口达到一定规模，创造力和竞争力才有保证。"以人民为中心"的主体性还包括游客，对于中小尺度的旅游目的地而言，游客是生活空间的参与者，更是生活方式的创造者。在如何吸引更多游客到访的同时，让他们也成为目的地发展进程的一分子，国际国内尚没有成熟的经验可以借鉴，需要行政主体和市场主体认真思考谋划之。

希望我们关注的不仅是景区，不仅是经济指标，也要关注居民的发展权利、游客分享生活品质的权利，更要关注目的地经济社会和人的全面、协调、可持续发展。未来的周庄，不仅"有一种生活"，而且要"有一个未来"。这个未来是属于周庄的，更是属于中国、属于世界的；这个未来是属于旅游的，更是属于人类命运共同体的。

中国旅游研究院院长、教授、博士生导师

目 录
CONTENTS

第一章 景区发展现状及趋势：观光旅游和休闲度假旅游并重、景区传统业态和新业态齐升、景区企业深耕细分市场 …………………………… 1

一、逐渐摆脱单一门票收入：顶层重视，景区呼应 …………………… 3

二、在线门票增长趋缓：开放式趋势进一步增强，景区成为OTA重要的引流端口 …………………………………………………………… 4

三、景区细分市场明显，通过时空转换延伸产业链、培育新需求，主题公园、特色小镇竞争日趋激烈，冰雪旅游、避暑旅游、研学旅游持续升温 …………………………………………………………………… 5

四、科技将催生新生代虚拟景区 ……………………………………… 11

第二章 景区投资分析：热点投资地位不变 ……………………………… 13

一、投资现状：优质自然资源受投资方青睐，文旅项目亟待规范化运作 ……………………………………………………………………… 14

二、景区类上市公司投资分析：新三板摘牌冲刺IPO密集，绝大多数上市公司实现营业收入净增长，宋城演艺营业收入和净利润均位居第一 ……………………………………………………………………… 16

第三章　景区景气指数分析：企业家对景区产业发展前景总体看好 ………… 29
　　一、行业绩效评价 ……………………………………………………………… 30
　　二、企业绩效评价 ……………………………………………………………… 33
　　三、企业经营指标评价 ………………………………………………………… 35
　　四、企业经营指标的区域性差异 ……………………………………………… 39

第四章　景区消费需求与服务质量评价：倾听游客对美好生活的诉求 ……… 43
　　一、景区游客的特征和消费偏好 ……………………………………………… 45
　　二、游客对景区的服务质量评价 ……………………………………………… 56

第五章　景区相关政策及法律法规助力市场主体创造美好生活：中央重视，部委联动，抓大不放小 ………………………………………………… 61
　　一、"旅游+"首次被写入中央一号文件 …………………………………… 62
　　二、2018年国务院政府工作报告指出创建全域旅游示范区，降低重点国有景区门票价格 ……………………………………………………………… 63
　　三、教育部将研学旅行纳入中小学必修课程 ………………………………… 64
　　四、原国家旅游局发布《全国旅游厕所建设管理新三年行动计划》 ……… 64
　　五、原国家旅游局发布《景区游客高峰时段应对规范》《温泉旅游企业星级划分与评定》《温泉旅游泉质等级划分》3项景区行业标准 ……… 65
　　六、原国家旅游局发布《国家工业旅游示范基地规范与评价》行业标准 … 65
　　七、四部委联合发布《关于规范推进特色小镇和特色小城镇建设的若干意见》 ………………………………………………………………………… 65
　　八、两部委联合出台政策支持乡村旅游用地 ………………………………… 66

第六章 景区发展建议：以共商、共建、共享的原则，创建基于新文化、新空间的新生活 ·· 67

 一、存在问题 ··· 68

 二、发展建议 ··· 69

 三、未来的景区：基于新文化、新空间的新生活 ·················· 71

 四、黄山—齐云山：满足人民美好生活需要的本底资源和新空间 ········ 74

第一章

景区发展现状及趋势：
观光旅游和休闲度假旅游并重、
景区传统业态和新业态齐升、
景区企业深耕细分市场

过去的一年，国民旅游需求从早期对美丽风景的关注愈加转向对美好生活的体验与分享。主客共商、共建、共享的理念需求愈加凸显。对景区而言，当地居民有就业、消费和休闲的需求，企业有生产、物流和盈利的需求，员工有收入增长和职业尊严的需求，游客有来到这里欣赏美丽风景和分享美好生活的需求，还有对政府提供相应的基础设施和公共服务的需求。这么多的需求汇聚到一起，所有这一切需求恰是人民群众对品质服务、对美好生活的向往。

2017年我国城镇居民出游以观光游览为目的者占22.1%（2010年占32.9%），以休闲度假为目的者占30.1%（2010年占25%），2017年我国农村居民出游以观光游览为目的者占21.8%（2010年占12.2%），以休闲度假为目的者占20.7%（2010年占6%）。中国旅游研究院2017年对景区游客的调查数据表明选择游览观光和休闲度假作为主要旅游目的的游客数量分别占总游客数量的51.7%、42.7%。综合判断，观光游览的比重下降以及成为国民旅游市场的中长期趋势，休闲度假的比重提升则是现实的市场主体特征。

只有通过商业创新让不同消费层级的游客拥有更多的选项，只有经由技术进步让更多老百姓有能力享受有品质的服务，才能保障景区行业的市场空间不断扩展。才能满足人民群众对美好旅游生活的向往。

现阶段，我们既需要迪士尼、环球影城，需要世界自然文化遗产为代表的高等级景区，也需要古北水镇、欢乐谷、华强方特、长隆野生动物园、海昌海洋公园这样的环城游憩空间，还需要东方新天地、蓝色港湾、田子坊、岭南五号、正佳广场这样的都市休闲场景。截至2017年底，景区景点3万多个（其中A级景区10 340个，包括5A级249个、4A级3034个），世界遗产52项，全域旅游示范区创建单位506个，红色旅游经典景区300个。休闲度假方面，现有国家级旅游度假区26个，旅游休闲示范城市10个，国家生态旅游示范区110个。专题旅游方面，现有中国邮轮旅游发展实验区6个，国家湿地旅游示范基地10个，在建自驾车房车营地514个，还有一大批健康旅游、工业旅游、体育旅游、科技旅游、研学旅游等"旅游+"融合发展新产品。

一、逐渐摆脱单一门票收入：顶层重视，景区呼应

2018年政府工作报告指出，我国将推进降低重点国有景区门票价格等工作。政府工作报告中提及降低国有景区门票价格不仅可以推动以文化遗产、自然遗产等为主的国有景区回归公益属性，惠及更多普通收入和低收入人群，还可以倒逼景区摆脱对门票经济过度依赖，对商业性景点的票价也将起到一定的抑制作用。一直以来，过度依赖门票经济是国内众多旅游景区亟待解决的难题。随之而来的门票涨幅过快，景区管理方不愿意深入挖掘景区内涵、拉长产业链等一系列问题，都制约着景区的可持续性发展，也难以适应当下旅游消费升级的大趋势。因此，越来越多的景区开始尝试转变。

从国内较早进行免费开放的西湖景区来看，免费所带来的庞大人流对杭州餐饮及旅游消费的带动作用明显，近期，越来越多景区加入免费开放的阵营当中。2017年初，济南大明湖结束了数十年的收费历史；2017年底，浙江绍兴的37个景点对全球游客免费开放，其中不乏鲁迅故里等知名景区。不仅如此，免费开放日也成了众多旅游景区试探市场反响的方式之一，通过免费方式让景区

从门票经济向产业经济迈进,也是这些景区较为一致的回应。很多景区都努力延伸业务深度和广度,利用 IP 开发衍生品和非门票业务收入来提高景区的经营效益。门票支出在旅游消费支出中的比例正在下降。

二、在线门票增长趋缓:开放式趋势进一步增强,景区成为 OTA 重要的引流端口

2017 年,中国景区门票预订总交易额达到 1316 亿元,其中,线上渠道门票预订交易额约为 188.6 亿元,同比上升 47.3%。2017 年,旅游电子门票的渗透率约为 14.33%,同比增幅约为 33.9%。增幅上涨的原因受去年以上海迪士尼乐园、万达、方特等为首的新开园景区的影响,在一定程度上带动了线上门票的市场份额增长。线上渠道门票交易额连续 3 年持续增长,但同比前两年,在线渗透率的增长势头相对放缓,部分原因在于景区及目的地逐渐摆脱门票经济依赖,开始向产业经济转型,开放趋势明显。

2017 年,线上渠道出票量超 1.9 亿张,同比增长 46.15%。在线售卖电子门票的景区占全国售票景区的 86%,出游用户的平均消费频次较 2015 年和 2016 年的 2 次 / 人和 3 次 / 人,上升到 3.6 次 / 人。游客购买门票的方式主要包括景区售票处现场购票、网上预订景区门票、其他途径购买(包括旅行社渠道等)三种。据估算,目前每 20 人中就有 3 人选择网上预订景区门票。景区电子门票行业发展空间依然十分巨大,随着移动互联网发展及旅游景区投资市场的持续火爆,作为旅游产业中的标品,景区电子门票市场依然存在极大的商业机会。

2017 年主要的 OTA 纷纷升级用户体验,景区电子门票投诉率同比下降 26%。技术革新滞后、节假日爆满影响游客体验、营销活动严重同质化问题依然普遍存在。未来科技、景区"园中园"模式将提升并丰富景区游玩体验,同

时线上渠道成为景区门票业务的主战场，景区也将成为OTA重要的引流端口，而IP将成为行业发展新引擎。

景区在创新思维、技术革新方面的水平与电子门票用户日趋明显的高质量体验诉求之间存在一定的差距，景区之间创新及技术水平的差异，也将进一步加深景区资源的分化，马太效应逐步显现，景区唯有始终保持与时俱进的姿态，才能吸引渠道和流量的倾斜。主要OTA加大与景区合作力度，提升景区创新水平、加快技术革新。

三、景区细分市场明显，通过时空转换延伸产业链、培育新需求，主题公园、特色小镇竞争日趋激烈，冰雪旅游、避暑旅游、研学旅游持续升温

（一）主题公园：在满足国民大众旅游体验需求的同时，继续为产业发展提供新动能，为品质旅游提供新内容

2017年是中国主题公园市场飞速发展的一年，这一年中国新建以及在建的主题公园超过60个。同时，伴随着消费升级，二三线城市居民对娱乐需求越来越高，主题公园也顺势而动，布局不断下沉。另一方面，主题公园的扩张模式由重转轻。目前，包括宋城、华强方特、海昌海洋公园、华侨城等多家公司都以轻资产模式进军新兴市场。这种方式可以降低企业的资金压力，但同时也对主题公园的IP和文化创意提出了更高的要求。

1.国际主题公园持续进入中国市场，本土力量继续成长

据中国旅游研究院测算，中国主题公园数量约为2100家，投资在5000万元以上的有300家左右。根据2018年全国旅游工作报告，截至2017年底，景区景点3万多家。其中1万多家A级景区中，主题游乐类的景区339家（占

3.92%），主要分布于山东、江苏、浙江、广东等经济发达地区。

人民网舆情监测室旅游大数据中心发布"2017年度中国主题公园品牌影响力"前20名中仅有上海迪士尼和抚顺皇家海洋乐园为国际品牌；根据标准排名联合马蜂窝推出的游客最喜爱的中国十大主题公园也只有迪士尼一个国际品牌。一方面，是中国本土品牌扎根于本土文化，更契合中国游客的消费需求；另一方面，一些大的国际品牌正在建设中，如北京环球影城，上海乐高等。由于一些国际品牌并不走大体量的路线，如 Hello Kitty，因此其影响力相对较小。国际上最受中国人喜爱的八大境外主题公园则全部是各国家与地区的环球影城和迪士尼乐园。

2017年全球前十大主题公园集团中中国主题公园集团占据3位，华侨城、华强方特、长隆集团分列第4、第5、第7位，游客增长数量较快，分别为11.9%、37%、16%。而亚洲游客量排名前20的主题公园中有13个来自中国。

欧睿国际的《世界旅游市场全国趋势报告》预计，2020年中国主题公园零售额将达到120亿元，日均游客量将超过3.3亿人次，将超过日本和美国，成为全球最大主题公园市场。

2. 本土主题公园能够跟国际巨头相抗衡的力量还没有起来

本土主题公园的发展过于强调以"规模"对抗"规模"，而且以初起步的IP对抗百年IP，还存在相当的差距。一方面是对民族的文化特别是与时俱进的新文化缺少创新，创新内容少，创新的手段也相对简单。

主题公园不仅是一种文化产品，更承载着民族文化意识形态，而文化事业文化产业需要用正确的方式、吸引人的方式尤其是吸引年轻人的方式讲述，在这方面本土主题公园讲故事的能力弱一些。

万达等地产集团的文旅产业对主题公园的发展功不可没，但过于强调速度，做文化产品需要智慧和耐心。商业模式上，早期的成功使得我们迷失了方向，用文化品质提升地产品质，地产变资产，用地产所得去补文化收入，饮鸩止渴。

受迪士尼入驻上海、环球影城选址北京、华纳梦工厂落户珠海的利好驱动，2017年一批具有国际知名度的主体乐园项目相继进入中国市场，加速了市场竞争和分化。美国六旗娱乐集团签约国内建设主体公园，至此，世界三大主体公园已经全部进入中国市场，经过几年的建设期，预计3~5年后相关主题公园的集中开业将导致主题公园的竞争更加激烈。

国内已经具有一定知名度的主题公园如大连海昌、长隆集团等纷纷布局二三线城市，积极扩大市场份额。2017年国内主题公园开发主要采取两种模式，一是通过地产合资新建主题公园，如海昌海洋公园郑州项目和大连圣亚营口项目。二是在原有综合度假区范围内进行主题公园板块的扩建，通过对场景的升级改造和对内容端的丰富，带动新的旅游消费，如长隆集团。

（二）旅游演艺：区域集中度高，行业龙头在深耕国内的同时，尝试海外发展

2017年旅游演艺产业区域集中趋势不减，三大热点片区长三角、珠三角和西南地区成为产业集聚区。三亚、丽江等一线旅游目的地，由于门槛高、前期投资大、竞争激烈，旅游演艺公司收入增长趋缓，二三线旅游城市的优质景区资源成为投资目标。

目前旅游演艺三大系列占据市场份额半壁江山，从投资额、产品能级、市场知名度等维度进行综合对比，"印象"系列、"山水盛典"系列、"千古情"系列位居前三。三大演艺公司纷纷出海，进行国际化尝试，操作模式上以自建为主。如宋城演艺聚焦"景区＋演艺"的组合模式欲打造澳大利亚版，三湘印象和山水盛典则分别在马来西亚和越南通过轻资产输入与当地进行合作，讲述中国故事。

当前旅游演艺投资呈现"高投入、高科技、大制作、名导制作"的趋势正在发生变化,由重资产模式向轻资产模式转变。

(三)大众观光和休闲度假并重的中国特色冰雪旅游发展模式初步形成

随着我国获得 2022 年冬奥会举办权,以冰雪旅游为核心的冬季旅游产品正在成为老百姓旅游的新选择,尤其深受下雪较少地区游客宠爱,老百姓除了去气温相对较高的地区旅游外,也将冰天雪地的旅游产品作为旅游出行的重要选项。

中国旅游研究院最新研究成果显示,2016—2017 年冰雪季我国冰雪旅游市场规模达到 1.7 亿人次,冰雪旅游收入约合 2700 亿元。我国已经成为冰雪旅游大国,正在向冰雪旅游强国迈进,冰雪旅游成为落实习总书记"冰天雪地也是金山银山""三亿人参与冰雪运动"指示精神的主要支柱产业。途牛旅游网预订数据显示,冰雪观光成为冰雪旅游的主要类型,冰雪观光人数占我国国内冰雪旅游总人数 72.4%。通过旅行社组团、自由行等方式,以观光的形式体验冰天雪地的壮美景色成为到东北、西北等地区进行冰雪旅游大多数游客的主要目的,千里冰封、万里雪飘的北国风光以及浓郁的本地民俗风情都成为冰雪旅游的重要吸引物。滑雪休闲度假游客占我国国内冰雪旅游总人数 27.6%,滑雪休闲度假是冰雪旅游的一种重要旅游形式,是冰雪旅游的一部分,而不是全部。在冰雪旅游者中,同时选择冰雪与温泉的游客占到总游客人数 13.4%,冰雪和温泉这"一冷一热"资源成为重要的市场配对吸引物,成为很多游客必选的冰雪旅游套餐。

(四)避暑旅游成为学术和传播的热点,由概念成为政府、企业共识和行动,并上升为国家战略

根据中国旅游研究院调查,2017 年避暑游呈现出大众化向全民化迈进的趋势,"家庭游"仍是夏季避暑出游的主要形式。"上山""下海""入草原"是避暑产品的主要载体。游客出游前对天气、交通最为关注,游客避暑出游的平均时长为4.9天。另一方面，数据显示有52.2%的游客认为"旅游线路与旅游项目缺乏吸引力"，旅途线路、食住行等支撑要素服务不够精致，显示避暑旅游产品供给端存在不足。

中国旅游研究院院长戴斌指出：发展避暑旅游是贯彻落实习近平总书记"两山理论"的成功探索，也是气象、文化和旅游融合发展的实践样本。与全域旅游、优质旅游、文化和旅游融合发展的国家战略相比，与国民大众对美好旅游生活的期待相比，当代避暑旅游还有很大的创新发展机遇和国际合作空间。通过广泛宣传和市场推广，将会有更多的国民利用假期、周末和休闲时间加入到避暑旅游的行列中来，"哪儿凉快奔哪儿去"，而不是一味待在家里吹空调，是一件利国利民利生态的好事情。值得关注的是，旅游是异地的生活方式，避暑旅游的消费带动性和产业关联性很强，绝不只是旅行社、景区和宾馆饭店的事情。只要避暑旅游的市场需求达到足够规模，几乎所有的产业都可以关联进来、带动起来。各地政府和投资机构要有这个意识，发展避暑旅游绝不仅是旅游发展新动力，也是消费升级和产业转型的新引擎，要有系统谋划和通盘考量。除了气象的本体资源，游客还会关注两方面，一方面是商业环境，游客来到当地之后，有没有酒店、餐饮、娱乐设施等让绝多留几天；另一方面是游客会更关注自己能否和当地人民生活方式融合起来，参与进去。

（五）特色小镇迎来转型期：回归理性，健康可持续发展

近年来，在多项政策红利支持下，特色小镇建设成为各方关注的焦点。有些地方找准自身优势，通过特色小镇建设找到了经济发展新动能；有些地方盲目跟风上项目，试图简单照搬其他地方或国外的经验，存在一定风险。2017年12月，国家发改委会同当时的国土资源部、环保部、住建部联合发布了《关于规范推进特色小镇和特色小城镇建设的若干意见》，提出把特色小镇和小城镇建设作为供给侧结构性改革的重要平台，因地制宜、改革创新、发展产业特色鲜明、服务便捷高效、文化浓郁深厚、环境美丽宜人、体制机制灵活的特色小镇和小城镇，促进新型城镇化建设和经济转型升级。政府部门，包括中央的政府职能部门以及各个地方对于特色小镇都出台了很多政策以给予支持。这一系列政策的出台都说明：发展特色小镇（小城镇）不是问题，问题是怎么发展，如何发展，就是由量到质的问题。

当前，我国经济社会发展正从高速增长向高质量发展转变，在特色小镇发展上，也是要追求有质量的、健康的发展和规范的可持续发展，因此质量摆在第一位。此外，最初国内关于特色小镇讲得比较多的是浙江特色小镇模式，实际上也正是因为很多地方把浙江特色小镇可以学的和不可以学的，一股脑儿地借鉴或者照搬，才导致了特色小镇发展出现了很多问题。创新的理念可以学习，如何调动社会资本积极性的做法可以借鉴。但是浙江的特色小镇有它立足的基础，如历史条件、文化条件、产业条件等，与其他地方都不同，未来的发展要求各地在特色小镇发展模式方面，要把自身的基础条件和理念等科学区分，因地制宜发展特色小镇。

（六）以夫子庙景区为代表的研学游持续升温，市场规模增势迅猛

习近平建设有中国特色新时代下，文化自觉、文化自信的重要性日益深入人心，"读万卷书，行万里路"被赋予更深刻的意义。南京夫子庙的研学游以其极具特色与内涵的活动，成为众多学生和家长的首选。或长或短的夫子庙行程，让学生们穿越时空感受、领略以前读书人的求学历程，培养自我陶冶追求真我的精神。

2016年12月，教育部等11个部门出台了推进中小学生研学旅行的意见，要求各地要把研学游摆在更加重要的位置。原国家旅游局发布的《研学旅行服务规范》于2017年1月出台，从服务提供方、人员配置、研学产品、研学基地、安全管理等各个环节规范研学旅行服务流程，让研学旅行开始有规可依。

除了政策的推动，随着我国居民家庭收入稳步增长以及家长教育理念的转变，"旅游 + 教育"双结合的游学产品受到用户的欢迎。

游学市场虽然一年比一年火热，但值得注意的是，目前的游学市场存在一定程度的鱼龙混杂现象，究其主要原因，一是市场大，门槛比较低；二是信息不对称，多层次代理致使价格虚高；此外，市场监管力度和手段不完善也是游学市场混乱的一个原因。相关部门需要加大监管力度，一方面根据已出台的政策条文加强执行力度，另一方面要根据游学市场具体情况继续完善相关细则，还需加强引导和宣传，引导和鼓励切实有效可行的游学方式，让游学真正地发挥"读万卷书，行万里路"的意义。

四、科技将催生新生代虚拟景区

年轻一代消费者正在成为旅游消费的主力军。而对于他们来说，最基本的产品功能和低价不再成为购买的唯一理由，而体验才是品牌，互动才是黏性。人工智能和数字科技的进步，使得年轻游客更能充分掌握旅游资讯。越来越多的游客在安排出游前，会通过科技了解目的地及住宿环境，未来超过80%的游客则希望能通过VR（虚拟现实技术）体验后，再做决定。虚拟现实广受关注，大批旅游公司都在努力挖掘该技术的潜能，并将其应用到实际中。

宋城、上海迪士尼、华侨城等都已宣布要与VR/AR（增强现实技术）联姻。这种"沉浸式"互动体验新技术，在景区业中的应用前景相当广泛。加拿大魁北克"幻光森林"旅游项目是成功的典范。据统计，该项目一经推出，游客即从原来的6000人猛涨到7.2万人，该森林也成为热门的夏季旅游目的地。在国内，该技术在上海迪士尼和华侨城欢乐谷的应用也为景区增加了人气。

未来几年，VR、AR技术将会成为旅游景区、购物中心、博物馆、主题公园的基本配置。全景摄像头、VR/AR、无人机、无人视觉艇等的结合，不断颠覆传统景区的观赏体验感。

据不完全统计，2017年国内AR、VR公司达到了数千家之多，是过去两年的十倍。VR、AR技术和体验，正在进入人们的生活和娱乐方式。目前国内外技术参差不齐，有待大幅提升，但VR/AR市场的想象空间还很大。现在的部分实景景区将淡出历史舞台，虚实景区共生，相互弥补完善体验。虚拟景区平台，将会是一个共享的旅游VR、AR实景体验场景数据库，一个景区信息越来越透明化的虚拟平台。

第二章

景区投资分析：

热点投资地位不变

预计 2017 年全国旅游投资达 1.5 万亿元，同比增长 16%，其中民间资本投资占 60%，形成了民营为主、国有企业和政府投资共同参与的多元主体投资格局。借助全域旅游推动，景区投资依然维持旅游投资热点地位不变。景区、主题公园和特色小镇位列投资总量前三。其中，景区类投资占比最高，相对于人文景区，自然景区（山岳）的资源禀赋更受到投资机构青睐，有关这类资源的争夺正变得激烈。除了迪士尼落地上海外，国外多家主题公园也在积极布局中国市场，美国六旗集团分别在浙江诸暨、海南三亚进行项目签约，国内主题公园方面，华强方特、海昌海洋公园纷纷在二线城市进行落点布局。

一、投资现状：优质自然资源受投资方青睐，文旅项目亟待规范化运作

在强劲的旅游需求驱动下，景区投资规模不断扩大，除传统投资模式外，创新型投资方式不断涌现。政府、国企、民企等多主体合作投资持续增加。

原国家旅游局创新金融支持方式，建立金融机构与旅游企业协作新机制，推动设立中国旅游产业基金。截至 2017 年底，全国已有 114 支旅游产业投资基金，总规模超过 8000 亿元。与中国农业银行、国家开发银行、中国建设银行等联合推出 680 个全国旅游优选项目。主要包括景区提升改造项目、生态旅游项

目、乡村旅游项目、旅游综合体、旅游小镇及休闲度假旅游项目等，计划融资总额为8433亿元，同比增长35%。

2017年景区类投资项目发生的投资并购数量和质量上都有一定程度的提升。4A级以上景区获得投资增长趋势明显。消费升级时代大背景下，大多数景区也开始了自我提升，尤其是优质的景区资源方开始逐步放开经营思路与合作模式，借助与社会资本的"联姻"，从单一观光旅游转向全域旅游、休闲度假旅游。包括景区的系统性升级改造在内的目的地全域旅游建设吸引了众多的资金，在智慧旅游、田园综合体、文旅综合体、乡村旅游、景区联动等国家政策的引导下，很多景区凭借独有的资源条件努力实现进一步创新。

投资方依然青睐具备高开发价值的自然资源。自然景区所聚集的稀缺资源依然是投资的主要标的，有关这类的资源竞争依然激烈。2017年自然景区大的投资项目多数集中于北方，如山西、山东、河北、河南、北京等省（直辖市）。山西省内的五台山、雁门关及乔家大院均获得较高关注。2017年是景区资本运作较为集中的一年，灵山景区、龙冈旅游、剑门旅游、乔家大院、宝泉旅游、明堂山登陆新三板，天目湖成功上市。常州恐龙园顶住上海迪士尼的冲击，但IPO已经被否。

旅游PPP项目向高质量发展，文旅项目亟须规范运作。

过去的一年，文旅融合趋势进一步增强，文旅产业投资增长持续走热，在资本、创意和科技的驱动下，景区新产品新业态的迭代更新需求加快。2017年11月，国家发改委出台《关于鼓励民间资本参与政府和社会资本合作（PPP）项目的指导意见》，国有资本、社会资本、境外资本加速布局文旅领域。但围绕景区的休闲度假开发多数仍处于初级阶段，休闲度假市场的供需依然失衡，由于缺乏深入的市场分析，导致在产品差异性以及目标客户群的判断上存在一定的主观行为。

2018年4月底，财政部印发的《关于进一步加强政府和社会资本合作（PPP）示范项目规范管理的通知》（以下简称《通知》）指出，近期核查发现部分PPP示范项目存在进展缓慢、执行走样等问题，核查存在问题的173个示范项目中，文旅项目有12个，多是因项目尚未落地以及存在运作不规范等问题。旅游PPP难落地的一个重要原因在于政府对于自身的承受能力预估不足。鉴于旅游PPP相较于一般的PPP而言，需要长远的运营，因此政府应该选择有更有运营能力的社会资本来合作。同时，在旅游PPP项目中应该充分发挥专家和咨询机构的作用，充分发挥旅游行业专家、财政专家、法律专家以及专业咨询机构的协同作用，来判断项目的可行性、社会资本的运营能力等，形成合力让旅游PPP项目更加健康有序地发展。为更好鼓励PPP模式改善旅游公共服务供给，文化和旅游部、财政部联合印发了《关于在旅游领域推广政府和社会资本合作模式的指导意见》首次就旅游PPP模式的发展提出了规范。对于PPP项目的监管，从大趋势来说一定会越来越严格，具体到旅游PPP同样如此，这样的严格主要体现在会更加透明、合规以及专业。

二、景区类上市公司投资分析：新三板摘牌冲刺IPO密集，绝大多数上市公司实现营业收入净增长，宋城演艺营业收入和净利润均位居第一

与2017年初旅游企业挂牌新三板热潮不同，2017年下半年后，旅游企业不再青睐新三板的趋势日趋明显，转而将目光重新投向了主板市场，因此从新三板摘牌冲刺IPO密集。喀纳斯便是其中一家。此外，驴妈妈的母公司景域文化也已明确披露了IPO意向，紧接着苏州园林宣布从新三板摘牌，而挂牌新三板一年多的飞扬旅游也于2017年9月申请终止新三板挂牌。截至目前从新三板摘

牌的旅企达到12家，已经明确披露IPO意向的达到7家。从这些企业的直接声明上看，都是为了公司业务发展需要及长期战略发展规划。当前传统景区趋于转型，资本市场是必然选择，而新三板显然是一些业绩不错旅游企业冲刺IPO的踏板。但随着新三板挂牌数量趋于稳定，较小的成功融资规模以及日趋减少的政府补贴都让新三板对旅游企业的吸引力走低，转而走向IPO成为必然。

（一）发展状况

2017年景区行业16家A股上市公司中，宋城演艺营业收入达30.24亿元，位居行业第一；北部湾旅和黄山旅游分别以25.12亿和17.84亿，分列第二、第三位。

净利润排名：2017年景区行业16家上市公司中，宋城演艺年净利润10.68亿元，位居行业第一；黄山旅游和北部湾旅分别以4.14亿元和2.70亿元分列第二、第三位，其中，西安旅游和西藏旅游两家公司处于亏损状态。

表2-1　2017年景区行业16家A股上市公司营业收入及净利润

代码	名称	营业收入（亿元）		增长率（%）	净利润（亿元）		增长率（%）
		2017年	2016年		2017年	2016年	
300144.SZ	宋城演艺	30.2383	26.4423	14.36	10.6761	9.0231	18.32
600054.SH	黄山旅游	17.8391	16.6934	6.86	4.1406	3.5211	17.60
002059.SZ	云南旅游	16.2147	14.6251	10.87	0.7155	0.6449	10.93
000888.SZ	峨眉山A	10.7899	10.4158	3.59	1.9661	1.9120	2.83
600706.SH	曲江文旅	11.3221	10.4840	7.99	0.6243	0.5340	16.91
002033.SZ	丽江旅游	6.8720	7.7968	−11.86	2.0421	2.2382	−8.76
000610.SZ	西安旅游	7.2973	8.0036	−8.83	−0.1856	0.1071	−273.26
000430.SZ	张家界	5.4965	5.9218	−7.18	0.6736	0.6116	10.15
600088.SH	中视传媒	7.1806	5.1482	39.48	0.8222	−1.2478	−165.89
000978.SZ	桂林旅游	5.5629	4.8624	14.41	0.5294	0.0599	784.51

续表

代码	名称	营业收入（亿元）		增长率（%）	净利润（亿元）		增长率（%）
		2017年	2016年		2017年	2016年	
002159.SZ	三特索道	5.3944	4.5136	19.52	0.0550	−0.5394	110.20
603869.SH	北部湾旅	25.1183	9.2004	173.01	2.6956	1.7014	58.44
603099.SH	长白山	3.8858	3.0689	26.62	0.7079	0.7111	−0.45
600593.SH	大连圣亚	3.4476	3.0084	14.60	0.5546	0.3355	65.31
600749.SH	西藏旅游	1.4163	1.2625	12.19	−0.7917	−0.9512	16.84
600358.SH	国旅联合	2.8752	1.1728	145.15	0.3231	−1.6310	119.81

1.景区类上市公司所有权结构

所有权结构方面，16家A股上市企业中，黄山旅游、云南旅游、峨眉山A、曲江文旅、丽江旅游、西安旅游、中视传媒、桂林旅游、三特索道、北部湾旅、长白山、大连圣亚、国旅联合13家企业持股比例较2016年没有变化，张家界、西藏旅游两家企业控股比例较2016年有所下降，宋城演艺控股比例较2016年有所上升。

表2-2 2017年景区类上市公司所有权结构

企业名称	控股股东	控股比例（%）（2017年）	控股股东性质	实际控制人及性质
宋城演艺	杭州宋城集团控股有限公司	29.48	境内非国有法人	黄巧灵（民营）
黄山旅游	黄山旅游集团有限公司	39.69	国有法人	黄山市国有资产监督管理委员会（国有）
云南旅游	云南世博旅游控股集团有限公司	49.52	国有法人	云南省国资委（国有）
峨眉山A	四川省峨眉山乐山大佛旅游集团总公司	32.59	国有法人	峨眉山风景名胜区管理委员会（国有）

续表

企业名称	控股股东	控股比例（%）（2017年）	控股股东性质	实际控制人及性质
曲江文旅	西安曲江旅游投资（集团）有限公司	51.66	国有法人	西安曲江新区管理委员会（国有）
丽江旅游	丽江玉龙雪山旅游开发有限责任公司	15.73	国有法人	丽江玉龙雪山省级旅游开发区管理委员会（国有）
西安旅游	西安旅游集团有限责任公司	27.29	国有法人	西安市人民政府国有资产监督管理委员会（国有）
中视传媒	中央电视台无锡太湖影视城	54.37	国有法人	中央电视台（国有）
桂林旅游	桂林航空旅游集团有限公司	16.00	境内非国有法人	桂林市人民政府（国有）
三特索道	武汉当代科技产业集团股份有限公司	19.97	境内非国有法人	艾路明（民营）
北部湾旅	新奥能源供应链有限公司	34.96	境内非国有法人	王玉锁（民营）
长白山	吉林省长白山开发建设（集团）有限责任公司	59.45	国有法人	长白山管委会国有资产监督管理委员（国有）
大连圣亚	大连星海湾金融商务区投资管理股份有限公司	24.03	国有法人	大连市星海湾开发建设管理中心（国有）
张家界	张家界市经济发展投资集团有限公司	27.83	国有法人	张家界市人民政府国有资产监督管理委员会（国有）
西藏旅游	国风集团有限公司	15.82	境内非国有法人	欧阳旭（民营）
国旅联合	厦门当代资产管理有限公司	14.57	境内非国有法人	王春芳（民营）

2.景区类上市公司主营业务

2017年，16家景区类上市公司主营业务相较于2016年基本无变化。云南旅游的主营业务类型依然最为丰富。

表2-3 2017年景区类上市公司主营业务

公司名称	旅行社	景区/门票	酒店/餐饮	旅游客运索道	旅游地产	旅游演艺	旅游休闲	旅游景区开发经营	旅游服务	旅游文化传媒	智慧旅游	其他业务	业务类型数量
张家界	○	○	○	○								○	5
峨眉山A		○	○	○									3
桂林旅游		○	○	○									3
丽江旅游			○	○		○						○	4
云南旅游	○	○		○	○			○		○		○	8
三特索道			○	○				○					3
宋城演艺						○	○						2
黄山旅游		○	○	○				○					4
大连圣亚			○						○				2
西藏旅游									○	○	○		3
长白山	○		○	○				○					4
曲江文旅	○		○			○	○	○		○		○	7
西安旅游	○		○										2
中视传媒								○		○		○	3
北部湾旅				○					○		○		3
国旅联合						○	○		○			○	4

3.景区类上市公司规模

按照一般的分类标准，企业规模达15 000万元以上的为大型企业，3000万元到15 000万元为中型企业，3000万元以下的则为小型企业。我国景区类上市公司全部都为大型企业。如表2-4显示，我国景区类上市公司中，国旅联合企业规模最小，为 9.14 亿元，但也为大型企业。

表 2-4 2017 年景区类上市公司规模

企业名称	2017 年（亿元）	2016 年（亿元）	本年比上年增减
宋城演艺	87.5468	75.6734	15.69%
黄山旅游	47.7838	51.5411	−7.29%
云南旅游	47.7870	40.0383	19.35%
峨眉山A	26.9943	26.3554	2.42%
曲江文旅	18.8687	17.7969	6.02%
丽江旅游	26.9068	27.7774	−3.13%
西安旅游	14.0292	13.8185	1.53%
张家界	23.3621	20.4417	14.29%
中视传媒	14.0970	13.6042	3.62%
桂林旅游	26.2699	26.6674	−1.49%
三特索道	26.7218	25.7439	3.80%
北部湾旅	61.5674	51.8973	18.63%
长白山	11.2445	11.1502	0.85%
大连圣亚	11.6355	10.2039	14.03%
西藏旅游	13.3649	13.2495	0.87%
国旅联合	8.7556	9.1399	−4.20%

（二）财务分析

本部分内容选取的财务分析指标体系包括四个方面：盈利能力指标、营运能力指标、偿债能力指标、发展能力指标。

1. 景区类上市公司经营状况

2017 年景区类上市公司营业收入增长率则表现出较大差异，营业收入实现正增长的企业有13家,但仅有三家高于行业平均水平,分别为北部湾旅、国旅联合、中视传媒,其中,北部湾旅营业收入增长率最高,达到173.01%,主要原因在于其行业解决方案业务收入较上年同期提升358.98%,旅游业务较去年同期提升54.30%,而国旅联合主要得益于其互联网广告收入的大规模增长,中视传媒三大主营业务均处于稳步增长状态,其中广告业务收入增长幅度高达135.92%。有三家企业处于负增长状态,相较于2016年的六家有所减少。

从净利润增长状况来看,实现正增长的企业有13家,分别为:桂林旅游、中视传媒、国旅联合、三特索道、大连圣亚、北部湾旅、宋城演艺、黄山旅游、曲江文旅、西藏旅游、云南旅游、张家界、峨眉山A,其中桂林旅游净利润增长率高达784.51%,中视传媒165.89%,国旅联合119.81%,三特索道110.20%,仅有三家公司处于负增长状态,其中西安旅游减幅高达273.26%,主要原因系同比投资收益减少、资产处置收益减少、营业外支出增加影响所致。

表2-5 2017年和2016年景区类上市公司旅游企业经营状况

企业名称	营业收入增长率(%)		净利润增长率(%)	
	2017年	2016年	2017年	2016年
宋城演艺	14.36	56.05	18.32	43.10
黄山旅游	6.86	0.28	17.60	19.04
云南旅游	10.87	2.32	10.93	-18.27
峨眉山A	3.59	-2.25	2.83	-2.57
曲江文旅	7.99	5.97	16.91	11.43
丽江旅游	-11.86	-0.81	-8.76	13.47
西安旅游	-8.83	5.26	-273.26	-1.03
张家界	-7.18	-12.25	10.15	-46.54
中视传媒	39.48	0.25	165.89	-573.00

续表

企业名称	营业收入增长率（%）		净利润增长率（%）	
	2017年	2016年	2017年	2016年
桂林旅游	14.41	-2.75	784.51	-75.28
三特索道	19.52	5.30	110.20	-225.42
北部湾旅	173.01	152.45	58.44	138.43
长白山	26.62	-3.65	-0.45	-29.28
大连圣亚	14.60	3.88	65.31	-21.96
西藏旅游	12.19	-16.97	16.77	-1876.28
国旅联合	145.15	32.78	119.81	-1381.08

2. 景区类上市公司盈利能力

从净资产收益率来看，16家公司2017年净资产收益率较2016年均有小幅度提升，西安旅游、西藏旅游由于2017年度处于亏损状态，导致净资产收益率指标也是负值。从总资产报酬率来看，宋城演艺此项指标依然最高。

表2-6　2017年和2016年景区类上市公司盈利能力

企业名称	净资产收益率（%）		总资产报酬率（%）		净利率（%）		成本费用率（%）	
	2017年	2016年	2017年	2016年	2017年	2016年	2017年	2016年
宋城演艺	15.60	15.07	12.19	12.40	35.36	34.66	62.86	60.67
黄山旅游	10.14	9.87	8.67	7.66	24.58	22.47	34.40	31.65
云南旅游	4.71	3.80	1.50	1.61	6.95	5.81	7.61	6.27
峨眉山A	9.27	9.35	7.28	7.49	18.20	17.95	23.66	21.77
曲江文旅	6.81	6.21	3.31	3.04	5.58	4.94	5.96	5.17
丽江旅游	9.10	10.45	7.59	8.11	31.56	32.72	51.75	54.57

续表

企业名称	净资产收益率（%）		总资产报酬率（%）		净利率（%）		成本费用率（%）	
	2017年	2016年	2017年	2016年	2017年	2016年	2017年	2016年
西安旅游	-2.35	1.35	-1.32	0.84	-2.76	1.14	-2.59	1.07
张家界	6.48	9.60	2.88	4.19	12.01	10.21	12.30	12.11
中视传媒	7.80	-11.51	5.83	-8.81	12.22	-25.07	14.36	-18.68
桂林旅游	3.56	0.41	2.02	0.22	6.81	-9.61	6.97	-8.00
三特索道	0.67	-6.11	0.21	-2.24	0.93	-9.78	1.01	-9.97
北部湾旅	7.48	11.33	4.38	5.56	11.01	19.54	12.47	25.31
长白山	7.69	8.15	6.30	7.04	18.22	23.17	23.99	35.06
大连圣亚	13.30	8.62	4.77	4.04	15.22	10.84	19.36	12.72
西藏旅游	-15.83	-16.20	-5.92	-5.99	-57.73	-77.84	-36.75	-44.99
国旅联合	6.15	-28.61	3.69	-19.81	18.61	-139.09	16.89	-61.30

3. 景区类上市公司营运能力

总资产周转率反映了企业主营业务收入与资产占用之间的关系，可用来分析企业全部资产的使用效率。通常，总资产周转率越高越好，反映企业全部资产营运能力越强，营运效率越高。如果这个比率较低，说明企业利用其资产经营的效率较差，会影响企业的获利管理，企业应该采取措施提高主营业务收入或处置资产，以提高总资产利用率。从各家景区类上市公司总资产周转率来看，2017年总资产周转率较2016年有小幅提升，说明旅游景区上市公司的总资产的管理能力和管理水平需要进一步提高。

流动资产周转率反映企业流动资产的运营效率。在一定时期内，流动资产周转次数越多越好，表明以相同的流动资产在一定时期内产生的收入越多，流动资产的利用效果越好。流动资产管理的任何一个环节都会直接影响流动资产周转的变化。通常来说,这个指标越大,说明流动资产的利用效率越高,变现速度越快,流动资产的管理水平越高,流动资产的管理能力越高。

从表2-7可以看出,2017年黄山旅游、西安旅游、大连圣亚、中视传媒、北部湾旅、国旅联合、云南旅游、丽江旅游的流动资产周转率均未突破1,说明企业的流动资产周转率较低,企业对流动资产的利用程度不高,上述公司对流动资产的管理能力和管理水平有待提高。

表2-7 2017年和2016年景区类上市公司营运能力

企业名称	总资产周转率(%)		流动资产周转率(%)	
	2017年	2016年	2017年	2016年
宋城演艺	34.54	36.34	145.91	147.81
黄山旅游	52.57	36.33	85.40	87.41
云南旅游	37.33	36.43	57.18	59.83
峨眉山A	60.07	40.81	115.16	116.62
曲江文旅	60.00	59.70	155.57	153.62
丽江旅游	40.10	28.26	48.15	53.09
西安旅游	52.01	63.05	83.80	99.05
张家界	30.74	40.60	270.74	401.16
中视传媒	48.75	36.37	76.75	53.44
桂林旅游	21.18	17.58	183.81	114.12
三特索道	20.57	18.76	129.46	112.18
北部湾旅	8.76	30.08	76.56	51.61
长白山	34.56	30.38	146.60	86.38
大连圣亚	29.63	36.18	82.09	98.47

续表

企业名称	总资产周转率（%）		流动资产周转率（%）	
	2017年	2016年	2017年	2016年
西藏旅游	21.51	7.94	143.49	32.70
国旅联合	16.18	14.25	67.88	46.77

4. 景区类上市公司偿债能力

2017年旅游景区类上市公司资产负债率的行业平均值为34.95%，较2016年有小幅下降，说明我国旅游景区上市公司总体从总资产中，来源于债权人提供的资金所占比重很小，长期偿债能力很强。其中，丽江旅游、宋城演艺、黄山旅游、长白山、峨眉山A 2017年的资产负债率在20%以下，远远低于行业平均水平，仅西藏旅游、三特索道两家企业的资产负债率高于60%。

2016—2017年旅游景区类上市公司的行业平均值略低于2，但是细观各个公司流动比率值，差距还是比较大的。反映出行业整体上的短期偿债能力还可以，但是行业内部各个公司的短期偿债能力还是有待加强。其中，大连圣亚、桂林旅游、张家界、三特索道、西藏旅游流动比率值远低于其他企业和行业平均值，而丽江旅游、黄山旅游、峨眉山A、中视传媒、国旅联合等公司的流动比率值超出行业平均值的，其中以丽江旅游、黄山旅游的流动比率最高，并且超出了行业平均值很多。

表2-8　2017年和2016年景区类上市公司旅游企业偿债能力

企业名称	资产负债率（%）		流动比率（%）	
	2017年	2016年	2017年	2016年
宋城演艺	14.59	13.29	183.16	306.03
黄山旅游	12.04	18.11	554.33	316.03

续表

企业名称	资产负债率（%）		流动比率（%）	
	2017 年	2016 年	2017 年	2016 年
云南旅游	59.66	53.42	119.21	144.77
峨眉山A	17.80	21.66	348.56	261.84
曲江文旅	49.63	50.14	112.59	127.85
丽江旅游	8.97	18.84	570.40	354.50
西安旅游	41.63	38.82	158.32	169.32
张家界	33.17	66.77	41.85	13.44
中视传媒	20.44	22.27	337.84	296.32
桂林旅游	40.24	42.45	62.78	101.85
三特索道	67.49	66.47	37.49	50.44
北部湾旅	38.50	30.45	154.44	233.18
长白山	15.49	19.18	163.21	120.82
大连圣亚	44.88	40.82	68.75	173.41
西藏旅游	65.86	59.39	17.51	23.66
国旅联合	28.87	43.30	198.57	130.65

5. 景区类上市公司发展能力

2017年，16家旅游企业上市公司中仅黄山旅游、丽江旅游、桂林旅游、国旅联合4家企业实现负增长，其余12家企业均实现了正增长，其中，云南旅游和北部湾旅总资产增长幅度最高。

表 2-9 2017 年和 2016 年景区类上市公司发展能力

企业名称	总资产增长率（%）		资本积累率（%）	
	2017 年	2016 年	2017 年	2016 年
宋城演艺	15.69	8.31	13.97	14.83
黄山旅游	−7.29	27.68	−0.41	40.24
云南旅游	19.35	−2.19	2.63	−9.28
峨眉山A	2.42	6.77	7.47	5.89
曲江文旅	6.02	2.72	7.11	6.15
丽江旅游	−3.13	1.39	8.65	3.48
西安旅游	1.53	19.43	−3.13	1.58
张家界	14.29	134.21	129.82	10.84
中视传媒	3.62	−7.51	6.06	−11.47
桂林旅游	−1.49	−6.39	2.51	−4.03
三特索道	3.80	15.02	0.65	−28.14
北部湾旅	18.63	460.04	4.91	367.53
长白山	0.85	23.15	5.44	4.80
大连圣亚	14.03	58.84	6.20	47.40
西藏旅游	0.87	−28.51	−15.20	−17.19
国旅联合	−4.20	24.80	20.17	64.37

第三章

景区景气指数分析：
企业家对景区产业发展前景总体看好

2017年景区企业层面的经营信心稍有下降,但景区企业家对景区产业发展前景总体看好,信心较高且较稳定。这表明景区接待规模持续增长,但受价格限制、经营水平等影响,绩效方面的指标相对较低。

一、行业绩效评价

2017年景区企业的经营者对于当季景区行业发展的预期在2017年第三季度达到了最高水平。其余各季度对行业发展预期虽有不同程度的变化,但总体趋于平缓。总体来看,2017年对行业全年发展预期的信心较为平稳,第二季度达到最高水平。

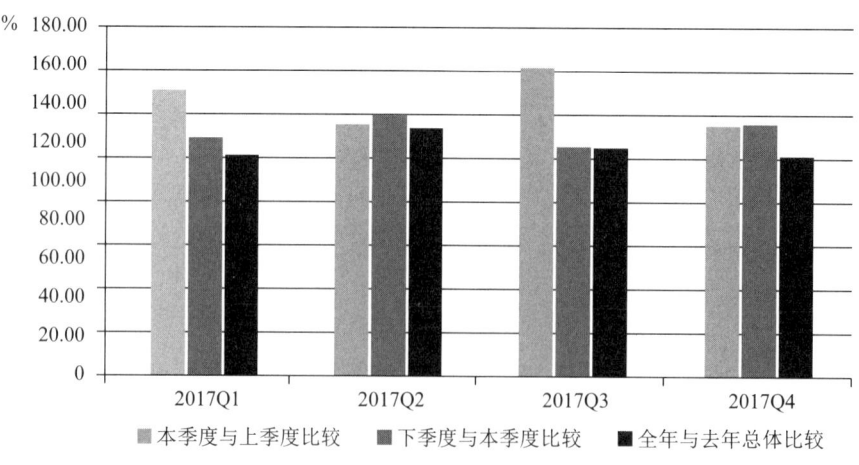

图3-1 2017年景区企业对行业发展的预期

第三章 景区景气指数分析
Chapter 3 Prosperity Index Analysis

表 3-1 2011—2017 年景区企业对行业发展的预期

单位：%

时间	对所在行业发展的预期		
	本季度	下季度	今年总体
2011Q1	126	134.14	135.43
2011Q2	132.14	139.76	135.95
2011Q3	126.21	107.15	130.02
2011Q4	111.39	135.95	132.14
2012Q1	112.66	133.41	143.15
2012Q2	136.38	138.92	119.86
2012Q3	127.29	106.31	124.09
2012Q4	104.61	130.02	130.45
2013Q1	119.07	129.06	127.16
2013Q2	131.19	130.2	127.84
2013Q3	137.77	106.73	97.41
2013Q4	104.51	135.86	135.86
2014Q1	132.86	161.88	142.59
2014Q2	144	143.06	140.24
2014Q3	153.88	118.12	105.88
2014Q4	119.53	144.94	150.59
2015Q1	142.59	152	153.41
2015Q2	143.06	154.35	153.88
2015Q3	150.12	135.53	147.29
2015Q4	148.71	114.82	143.53
2016Q1	104.00	122.35	135.53

续表

时间	对所在行业发展的预期		
	本季度	下季度	今年总体
2016Q2	145.88	145.88	139.76
2016Q3	132.24	124.71	133.18
2016Q4	113.88	125.18	142.12
2017Q1	147.29	122.82	113.88
2017Q2	129.88	135.06	128.00
2017Q3	159.53	118.59	118.12
2017Q4	129.41	130.35	113.88

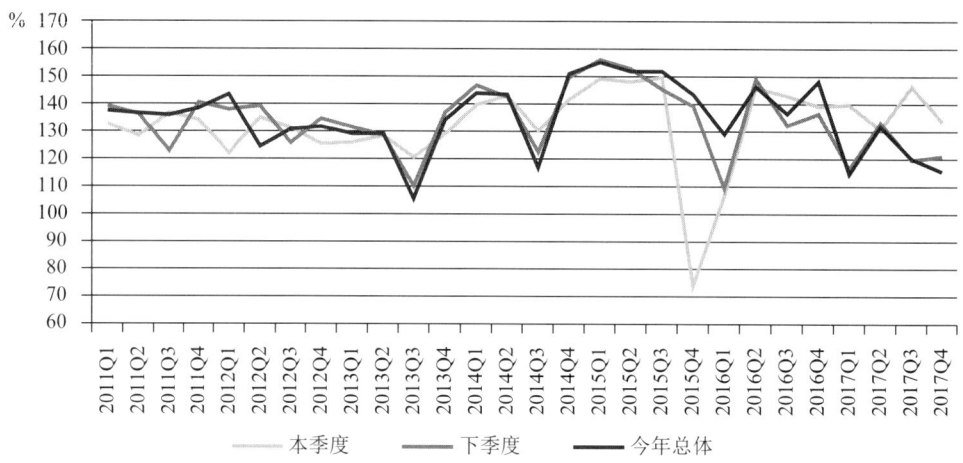

图 3-2 景区行业绩效评价

与 2016 年第四季度相比，2017 年第二季度大幅下降，随后第三季度则提升到全年最高水平。每年的第三季度为旅游旺季，受其影响，景区企业对行业发展也充满信心。

景区企业对下季度行业发展及对全年行业发展的预期波动基本一致。第一季度最低，第二季度最高，第三季度缓慢下降。

二、企业绩效评价

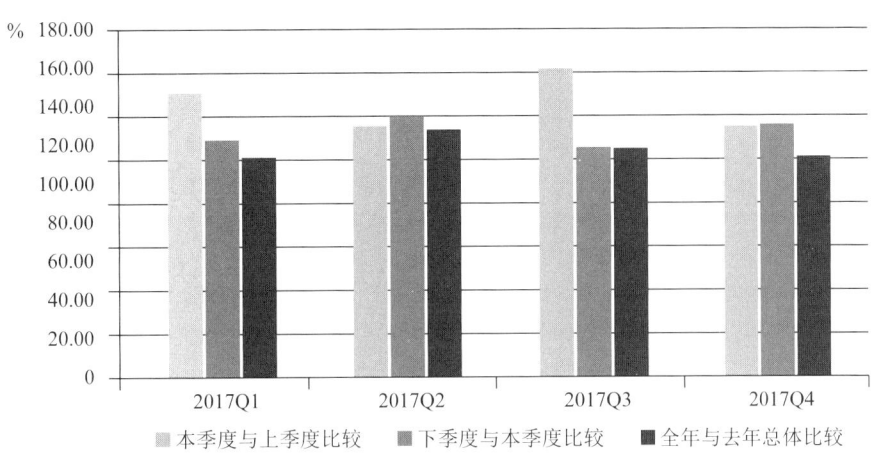

图 3-3 景区经营状况预期指数

表 3-2 2011—2017 年景区企业对企业发展

单位：%

时间	对所在行业发展		
	本季度与上季度比较	下季度与本季度比较	全年与去年总体比较
2011Q1	126	134.14	135.43
2011Q2	132.14	139.76	135.95
2011Q3	126.21	107.15	130.02
2011Q4	111.39	135.95	132.14
2012Q1	112.66	133.41	143.15
2012Q2	136.38	138.92	119.86
2012Q3	127.29	106.31	124.09
2012Q4	104.61	130.02	130.45
2013Q1	119.07	129.06	127.16
2013Q2	131.19	130.2	127.84

续表

时间	对所在行业发展		
	本季度与上季度比较	下季度与本季度比较	全年与去年总体比较
2013Q3	137.77	106.73	97.41
2013Q4	104.51	135.86	135.86
2014Q1	132.86	161.88	142.59
2014Q2	144	143.06	140.24
2014Q3	153.88	118.12	105.88
2014Q4	119.53	144.94	150.59
2015Q1	142.59	152	153.41
2015Q2	143.06	154.35	153.88
2015Q3	150.12	135.53	147.29
2015Q4	148.71	114.82	143.53
2016Q1	104.00	122.35	135.53
2016Q2	145.88	145.88	139.76
2016Q3	132.24	124.71	133.18
2016Q4	113.88	125.18	142.12
2017Q1	147.29	122.82	113.88
2017Q2	129.88	135.06	128.00
2017Q3	159.53	118.59	118.12
2017Q4	129.41	130.35	113.88

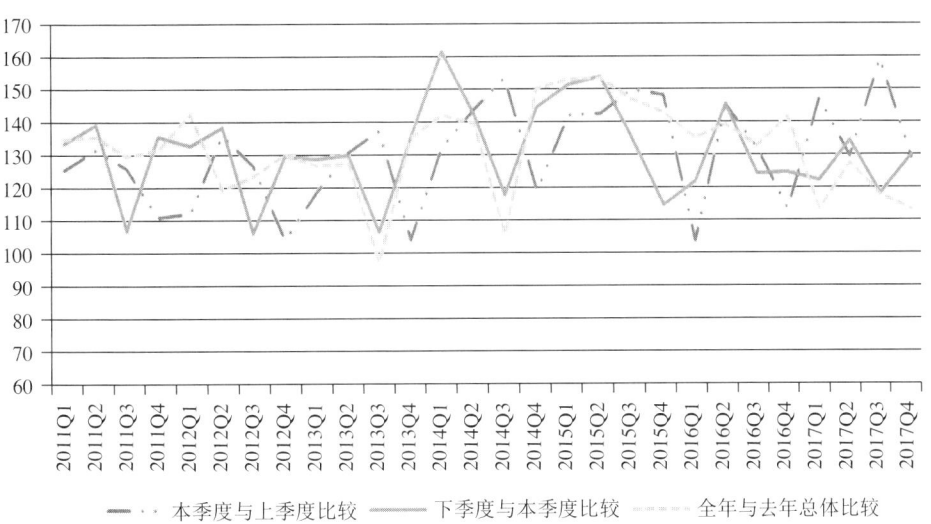

图 3-4 景区经营状况预期指数时序图

三、企业经营指标评价

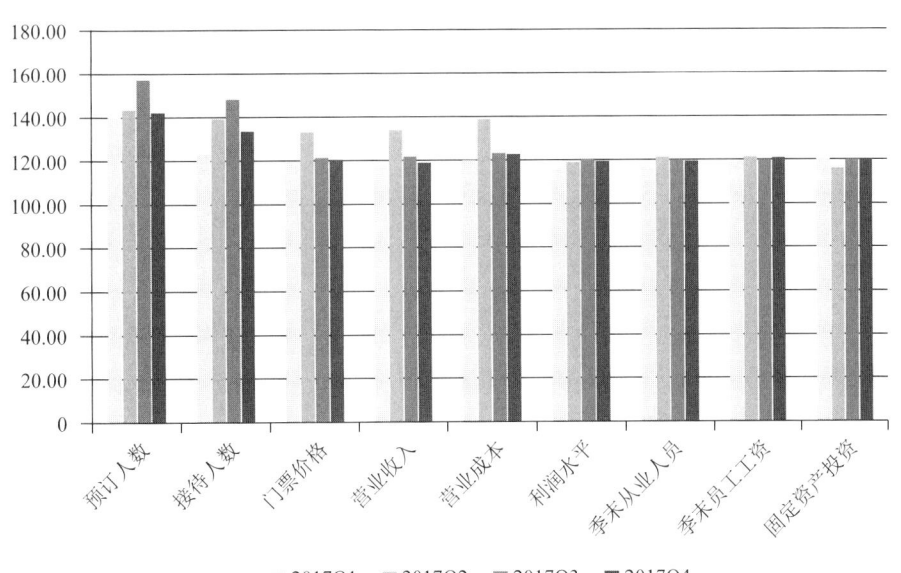

图 3-5 2017年景区具体经营指标评价

1. 规模指标的时序性变化

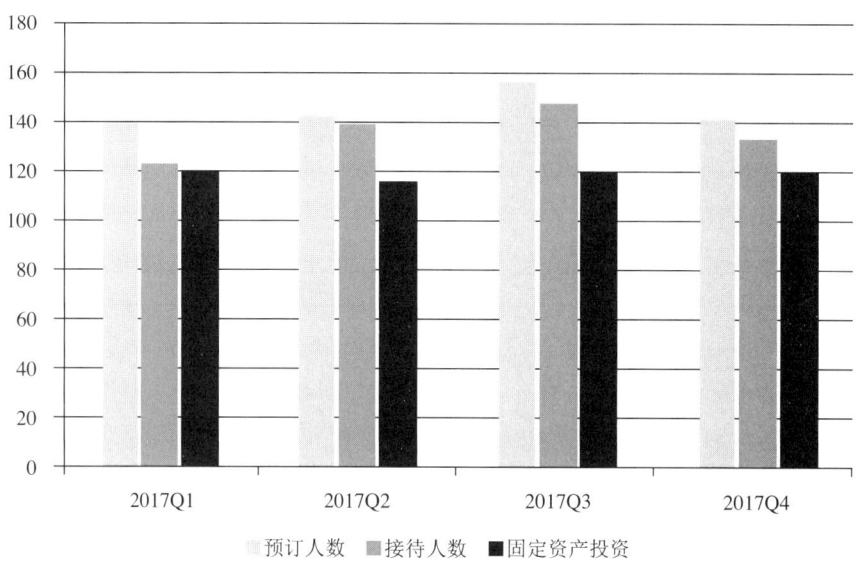

图 3-6　2017 年景区企业规模指标

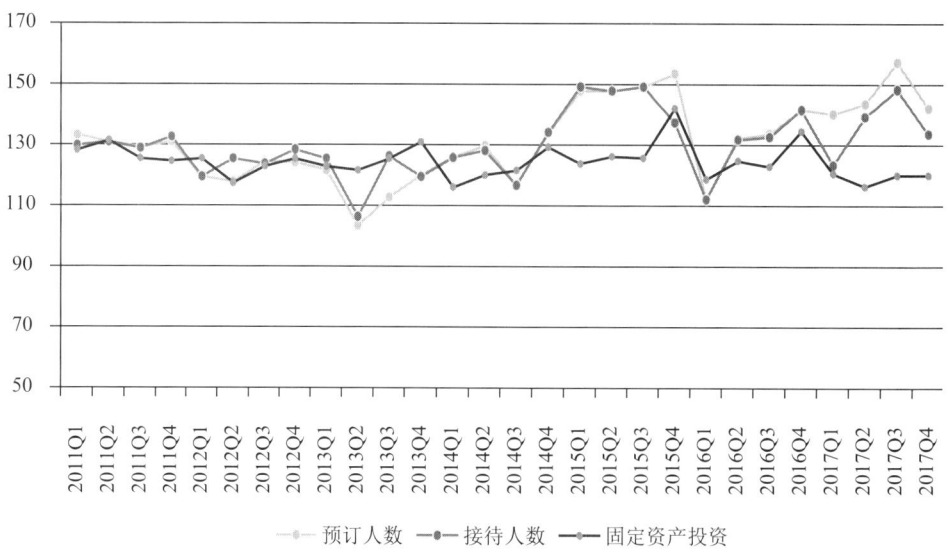

图 3-7　规模指标的时序性变化

2.绩效指标的时序性变化

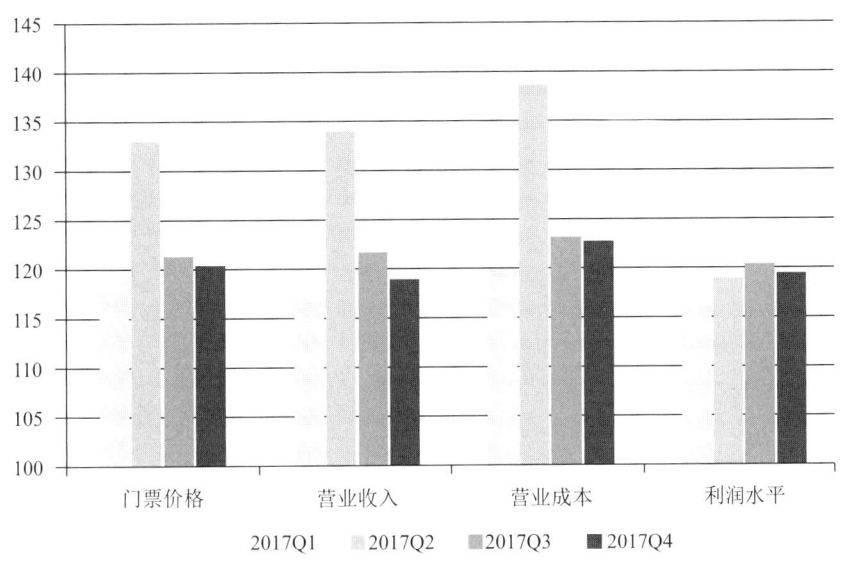

图 3-8　2017 年景区企业绩效指标

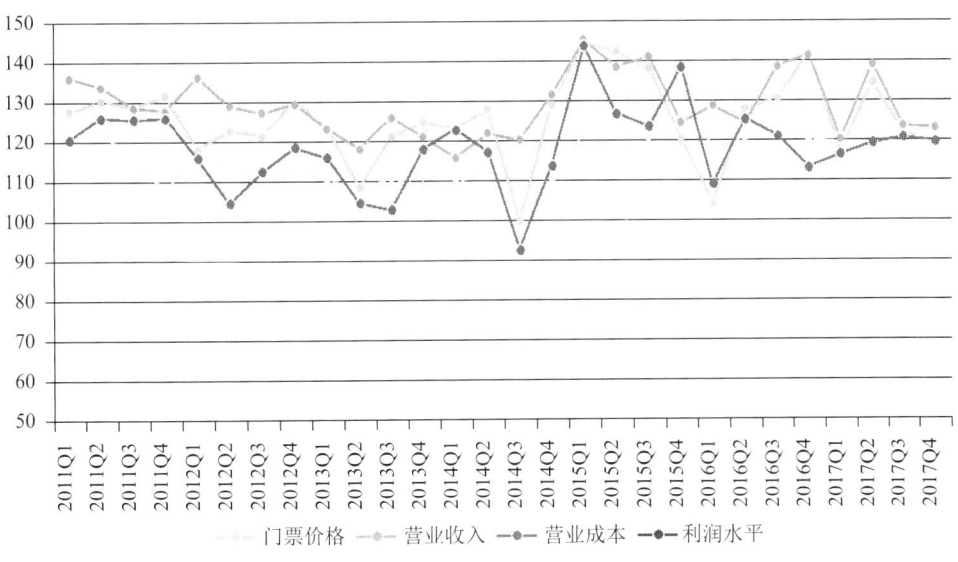

图 3-9　绩效指标的时序性变化

3. 就业指标的时序性变化

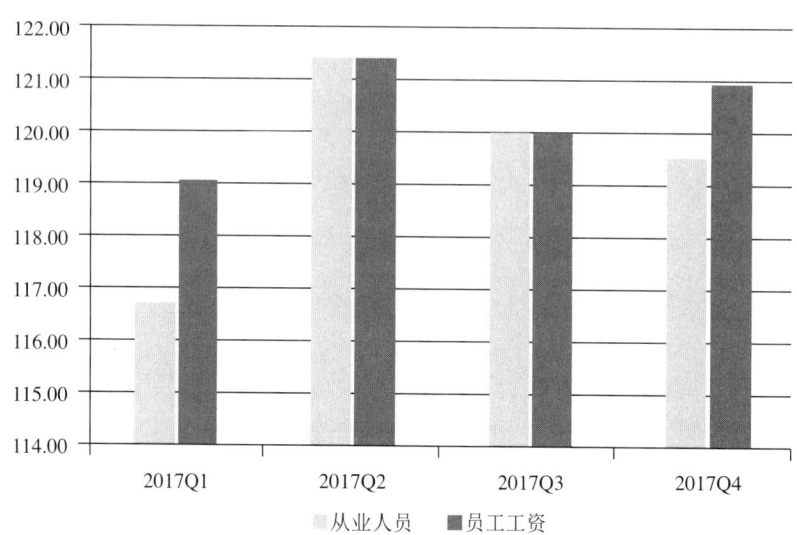

图 3-10 2017 年景区企业就业指标

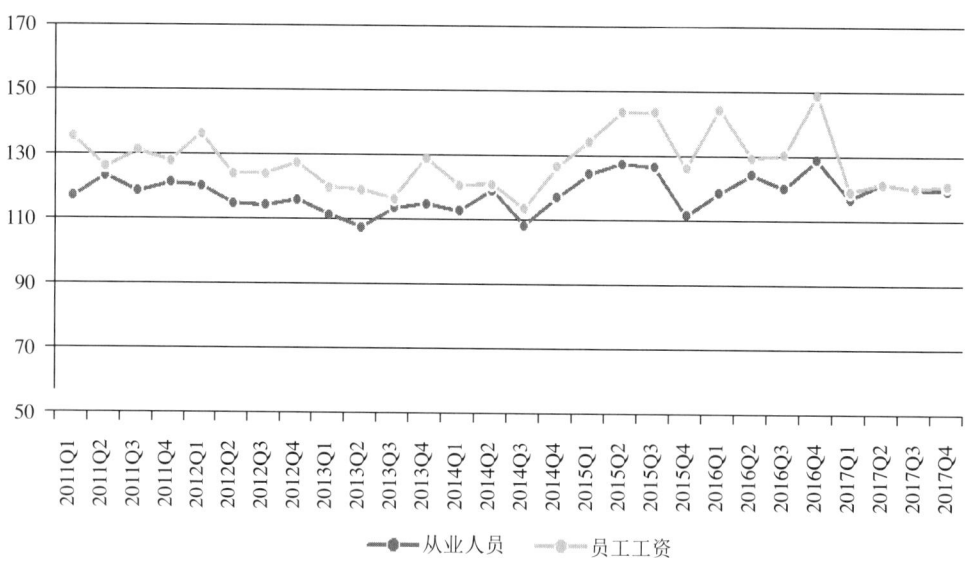

图 3-11 就业指标的时序性变化

四、企业经营指标的区域性差异

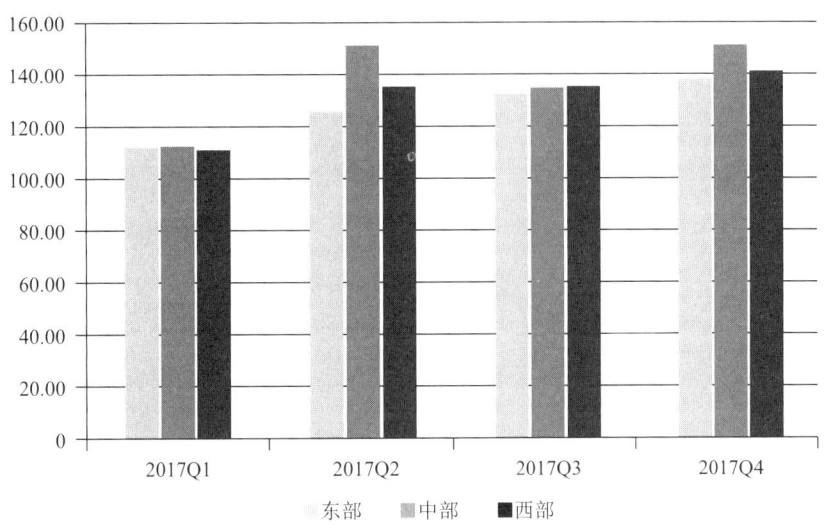

图 3-12 三大区域接待人数指标时序图

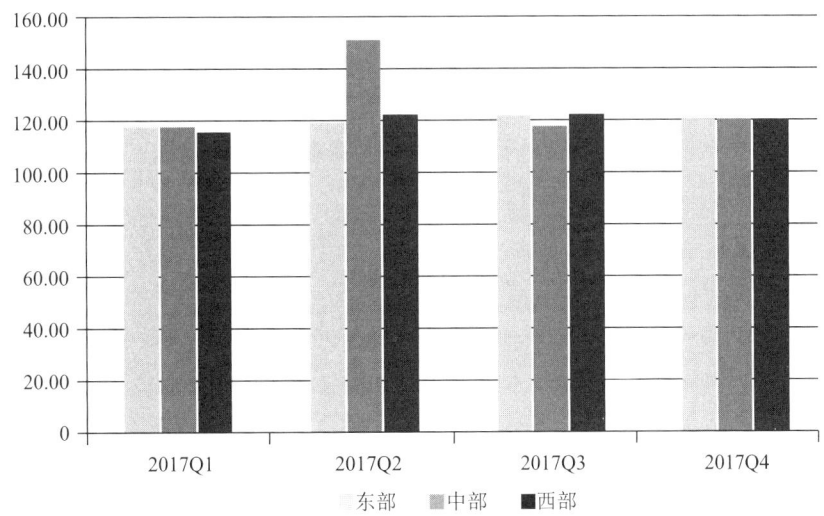

图 3-13 三大区域门票价格指标时序图

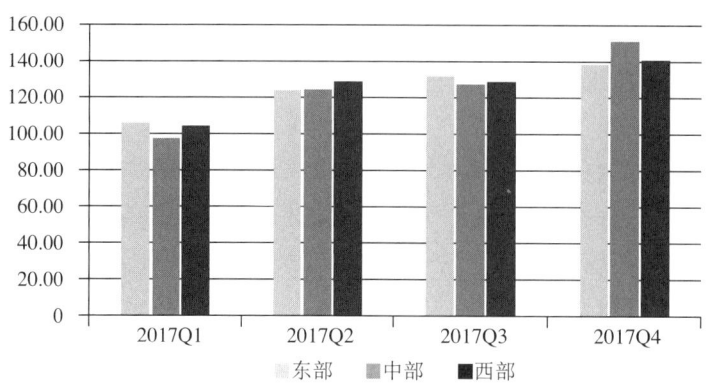

图 3-14　三大区域营业收入指标时序图

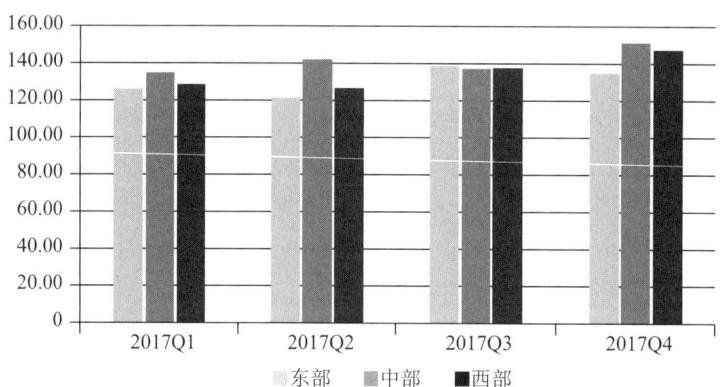

图 3-15　三大区域营业成本指标时序图

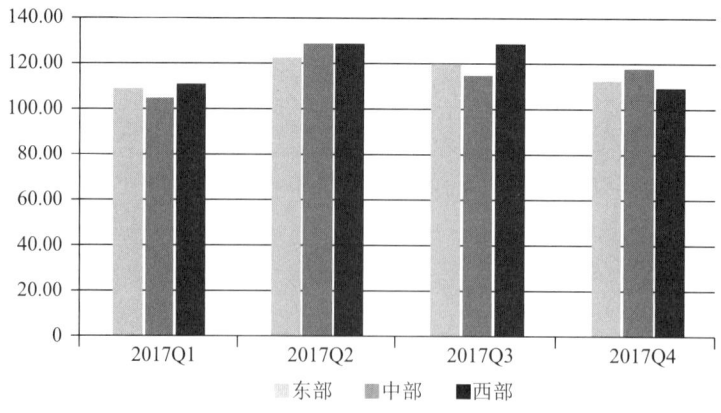

图 3-16　三大区域利润水平指标时序图

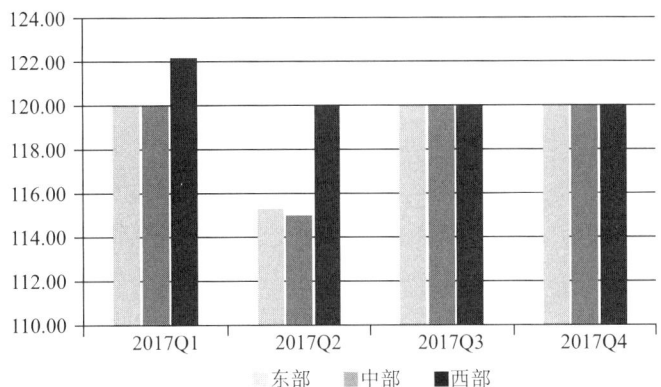

图 3-17 三大区域固定资产投资指标时序图

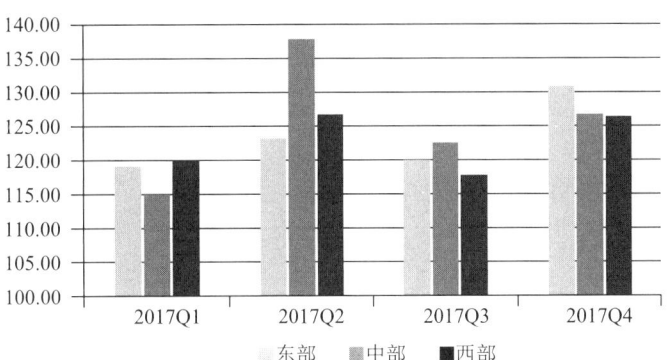

图 3-18 三大区域从业人员指标时序图

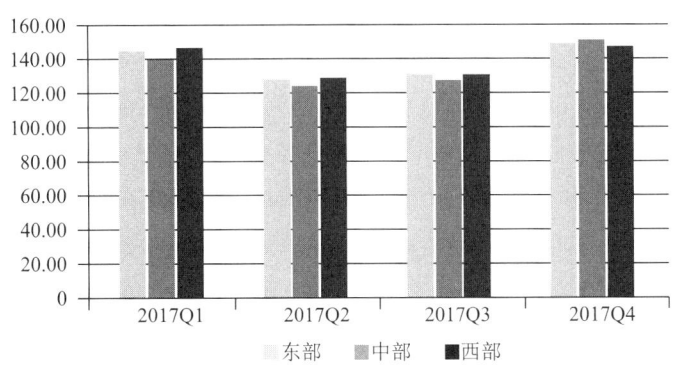

图 3-19 三大区域员工工资指标时序图

第四章
景区消费需求与服务质量评价:
倾听游客对美好生活的诉求

当旅游逐渐成为生活方式，旅游经验越来越成熟的国民在欣赏异地美丽风景的同时，更愿意去体验和分享目的地的美好生活。在国民旅游市场构成中，初次出游者仅占二成左右，也就是说，约40亿人次的基础旅游市场是由相对成熟的旅游者构成的。如此量级的成熟旅游者必然会带来旅游消费决策、购买行为、组织方式、消费结构和购后评价等方面质的变化，并对景区的宣传推广、发展模式带来根本性的冲击。

2010年，我国城镇居民出游以观光游览为目的者占32.9%，以休闲度假为目的者占25.0%；农村居民出游以观光游览为目的者占12.2%，以休闲度假为目的者占6.0%。2017年，这两组数据分别为22.1%、30.1%和21.8%、20.7%。这进一步证实了无论是消费能力高的城市居民，还是消费相对较弱的农村居民，都更加强调行程中的休闲行为和度假感受。因此，景区的商业环境和休闲品质成为塑造景区形象、支撑景区发展和游客满意度提升的关键因素。从调研反馈和景区发展实践来看，"景观之上是生活""品质、便利、善意，主客共享的生活空间""美好生活是优质旅游新动力"等理论观点正在为越来越多的人所接受。游客在欣赏美丽风景和分享美好生活的同时，也以多元的视角打量本地生活。学会倾听游客的声音，让景区成为多元文化与共同价值协调发展的新空间，无疑是明智的选择。

2017年，中国旅游研究院通过现场问卷发放，网络评论和投诉等三个渠道

第四章 景区消费需求与服务质量评价
Chapter 4　Consumption Demands and Service Quality Evaluations

收集了三万余例调查样本数据,对目前我国景区消费主体的市场需求、消费偏好以及服务质量评价进行调查分析。调查逐月按季度开展,调研范围涵盖了各旅游热点时间以及全国60个重点城市的主要景区,以下主要围绕景区消费需求和游客对景区服务质量评价进行详细论述。

一、景区游客的特征和消费偏好

(一)游客特征

根据中国旅游研究院调查数据,2017年游客的出游半径有所提升,出游距离在50公里以内的散客出游人数远大于团队游客,300公里以内的散客出游人数占比达到60.7%,出游距离超过300公里以上的,出游人数逐渐递减。但随着自驾车和高铁等交通工具的发展,可以肯定的是,景区游客的出游范围将不断扩大,周边游之外,景区应该通过各种营销方式扩大景区影响,争取更多长距离游客,优化客源结构。

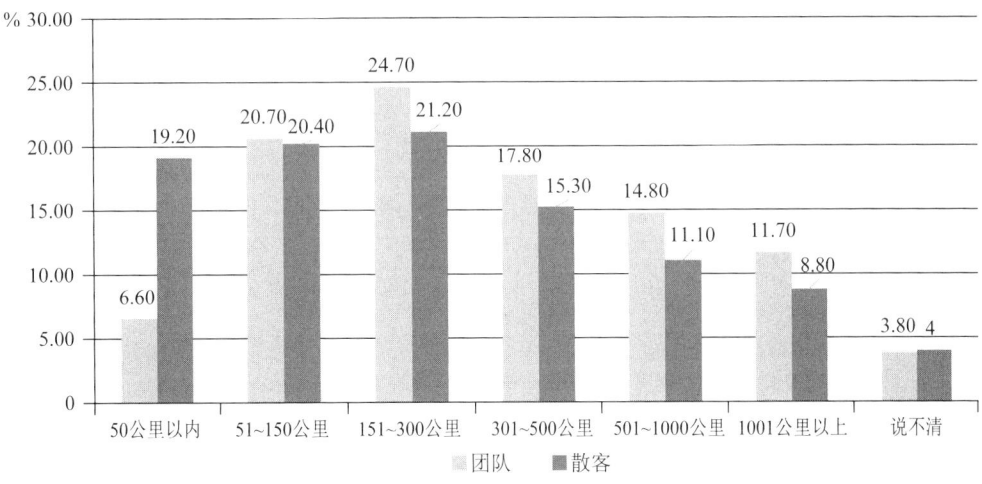

图4-1　游客出游范围

在游客群体特征上，国内游客主要选择和家人一起出游，或和好友结伴出游，这说明现在的游客出游时，更加注重的是与亲朋好友的感情交流、共度欢乐时光。另外散客群体中独自出游的比例达到8.5%，公司、班级、社团等集体出游更多选择跟团游形式。其他类型出游的比例都较低。对于一般国内游客来说，与网友结伴和与驴友出行的比例还不是太多，毕竟这一类型的游客属于小众市场。

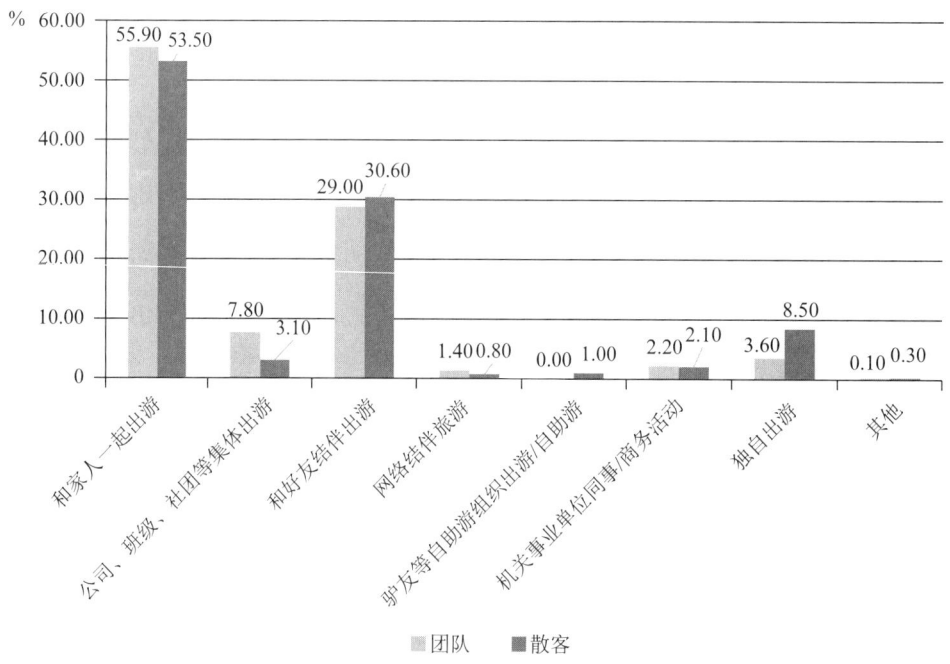

图4-2 国内游客同行偏好

与国内游客出游特征形式一致，超过一半的入境游客选择与家人和好友结伴出游，与国内游客不同的地方在于入境游客的群体特征更加多元化，网络结伴旅游的游客占比13.6%，驴友等自助游占比12.3%，这体现出入境游客更加细化的市场特征以及更具冒险精神的个性特征。

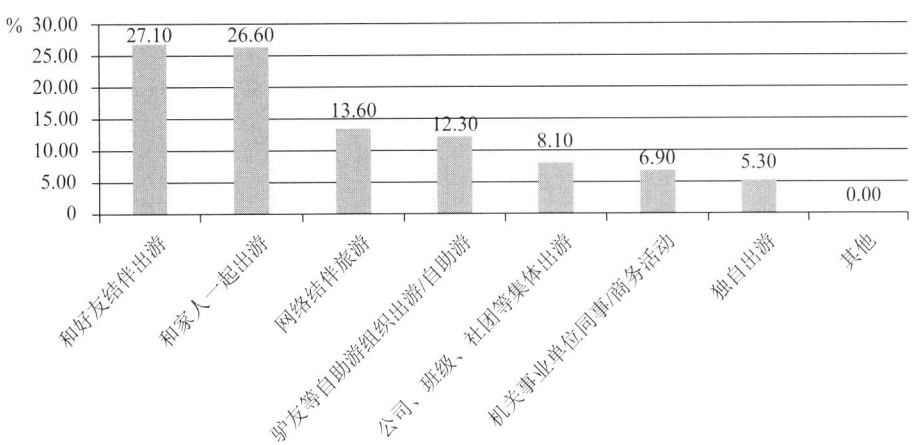

图 4-3 入境游客同行偏好

(二)消费偏好

就国内游客而言,不论是团队游客还是散客群体,选择游览/观光作为主要旅游目的的游客数量占总游客数量 51.7%、49.3%,这说明国内观光游客的主体地位不变。休闲/度假类游客占比排在第二位,占比分别为 42.7%、41.8%,其次为探亲访友类游客占比为 2.7%、5.0%。商务、会议、文体/教育/科技交流、宗教/朝拜、健康医疗等游客的比例还较少,但潜力巨大。

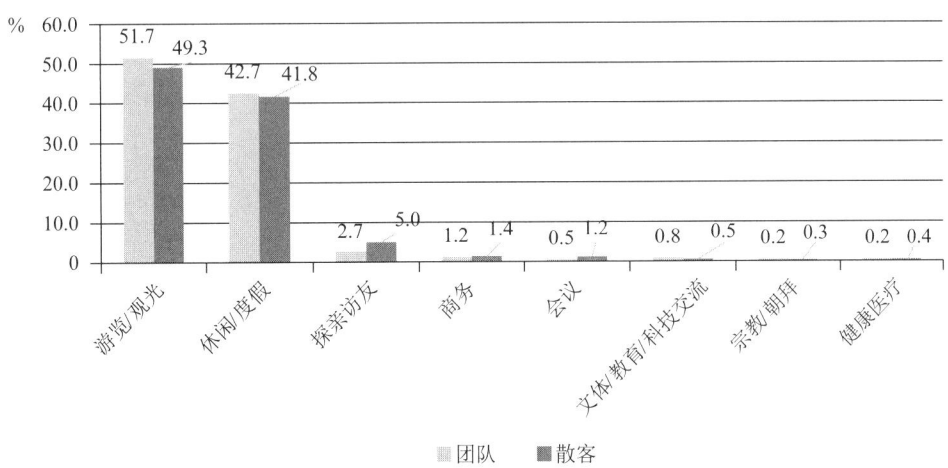

图 4-4 国内游客出游主要目的

就入境游客的旅游目的来看，了解中国特色文化的入境游客占总入境游客的 21.20%，与去年相比提升了近 4 个百分点。游览/观光的入境游客比例为 25.70%，比去年下降了 12 个百分点。休闲、度假的入境游客比例达到 25.50%，与去年同期持平。商务类型的入境游客比例为 5.80%，与去年相比有小幅提升。

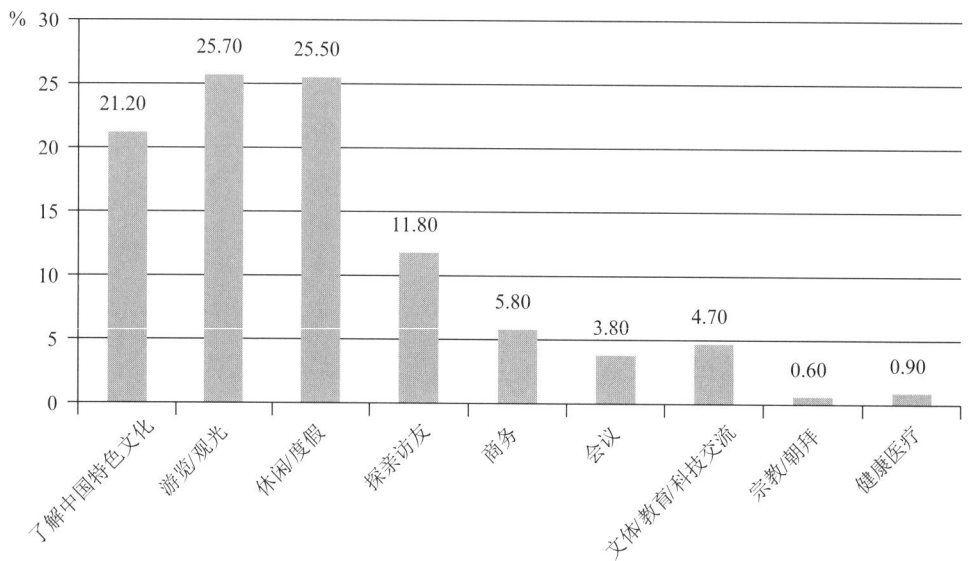

图 4-5　中国入境游客出游主要目的

从入境游客在中国主要接触的景点、活动或风土人情来看，有 52.50% 的入境游客观赏了文物古迹，48% 的入境游客体验了中国的文化艺术，43.50% 的入境游客观赏了山水风光，38.50% 的入境游客享受了中国的美食烹调，13.60% 的入境游客体验了购物消费，有 4.80% 的游客参加了节庆会展。这些统计数据表明中国独有的文化魅力和秀美的自然风光是吸引境外游客来华的主要旅游资源，同时人文观光，如物质文化遗产观光，是了解中国特色文化的主要方式之一，说明自然观光和人文观光是境外游客的主要旅游方式，境外游客的主体仍是观光型游客。在国外比较成熟的旅游市场，以休闲度假游客为主要旅游群体，商务旅游、会展旅游也居于重要地位，境外游客对休闲度假、商务旅游、会展旅游的需求旺盛，但是从目前的统计数据上来看，境外游客对中国的旅游需求集中在观光型旅游资源上，对休闲度假、商务旅游、会展旅游需求反应平淡，表明相对于国际成熟旅游市场，中国的旅游产品层次较低，休闲度假市场发育不成熟，相关产品对境外游客没有吸引力，商务旅游产品、会展旅游产品也亟待丰富和升级。

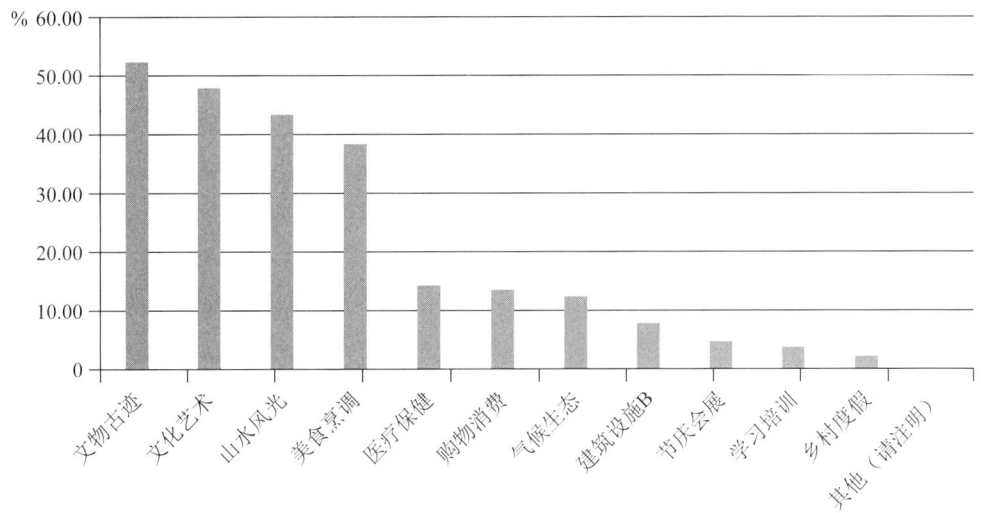

图4-6 入境游客在中国主要接触的景点、活动或风土人情

游客出游前查找的主要信息有景区（点）、旅游价格、交通、住宿、旅游地风俗民情、特色购物街区、娱乐等方面信息。景区（点）信息和旅游价格信息是游览观光游客最关心的信息，其中68.70%的团队游客和64.20%的散客出游前主要查找了景区（点）方面的信息，51.90%的散客群体对交通信息更加关注，国内游客对目的地的娱乐信息关注度较低。

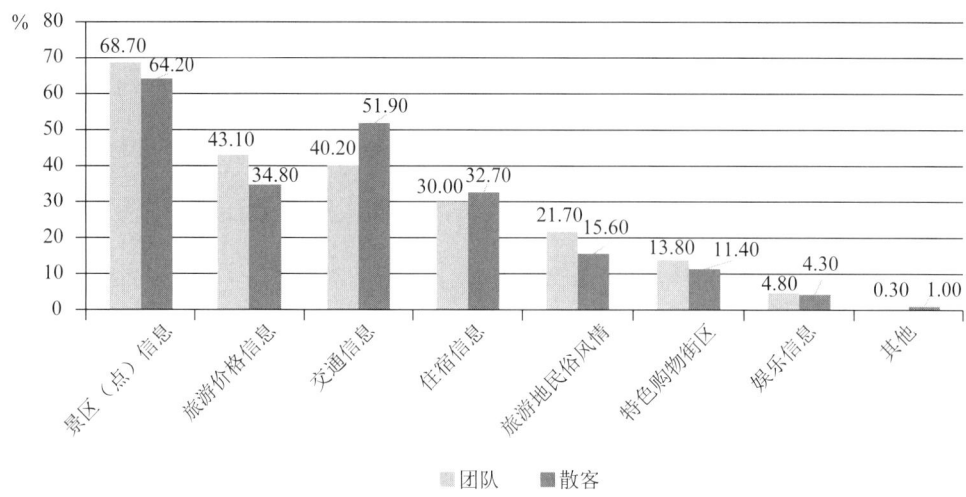

图 4-7 游览观光游客出游前查找的主要信息

游客的人均花费。国内观光游览游客人均花费集中在 3000 元以下，这一层次花费的散客群体占比为 86.2%，团队为 79.5%。其中花费 501~1000 元的散客占比最多，为 26.80%，花费在 500 元以下的占比为 19.30%，花费在 1001~2000 元的游客占比为 24.10%，团队游客占比为 27.90%。这说明国内游客的消费仍然处于较低水平，平均花费较低。

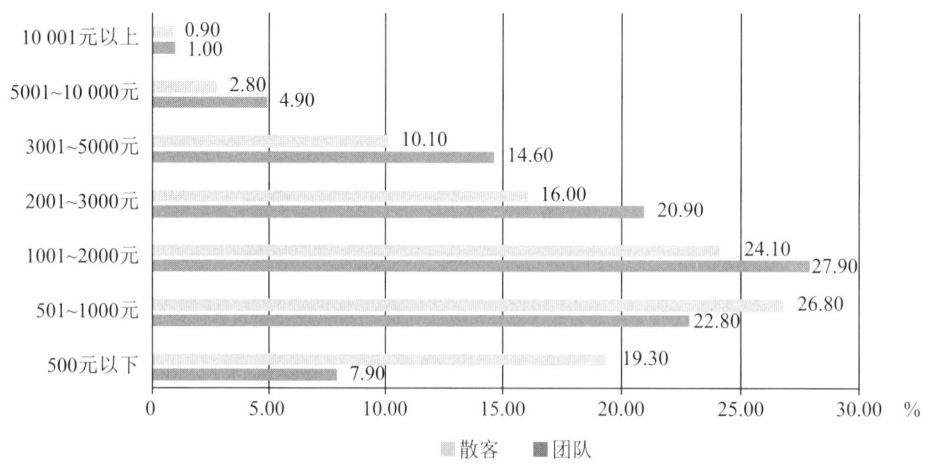

图 4-8 国内游客人均花费

入境游客人均花费集中在 2001~3000 美元，这一层次花费的游客占比为 34.40%，花费在 1001~2000 美元的游客占比为 30.90%，花费在 3001~5000 美元的游客占比为 21.10%，10001 美元以上的游客占比为 0.70%。这说明入境游客的消费支出能力远远超过国内游客，大力开拓入境旅游市场，能够有效提高景区收益。

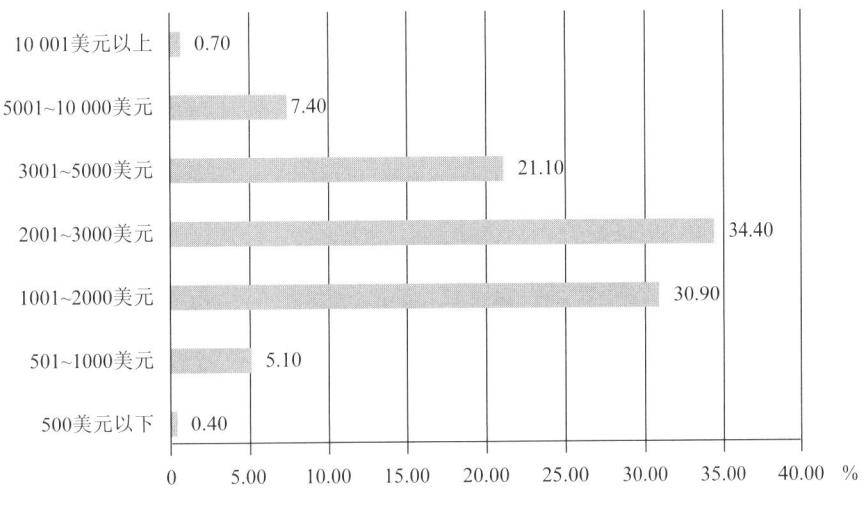

图 4-9　入境游客人均花费

国内游客的花费项目主要集中在购物、餐饮、景点门票、交通、住宿，文化娱乐占比较低。其中团队游客的购物消费高于散客群体，占比为 33.40%，其次是餐饮、景点门票、交通、住宿，占比分别为 23.1%、19.7%、9.6%、7.4%。散客消费者在餐饮上的消费占比最高，为 30.10%，其次是购物和景点门票。可以说，国内游客的花费结构中，景点门票仍然占据较大比例，这反映出老百姓对门票过快上涨的感受是真实的。另外，文化娱乐的比重较低，说明景区应该进一步加大娱乐业态的比重，提升消费体验。

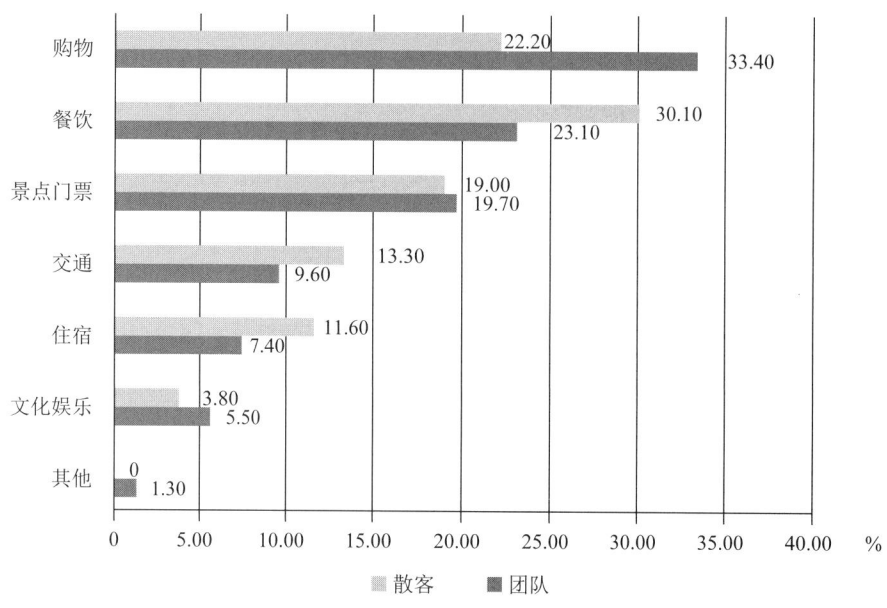

图 4-10　国内游客消费结构

入境游客文化娱乐类项目上消费占比在最高，达 38.20%，其次是交通、购物、餐饮、景点门票和住宿，其消费占比分别为 19.20%、18.60%、17.00%、4.70% 和 2.40%。与国内游客相比，入境游客在文化娱乐上的消费支出较多，比较喜欢深度体验中国文化及其相关产品。

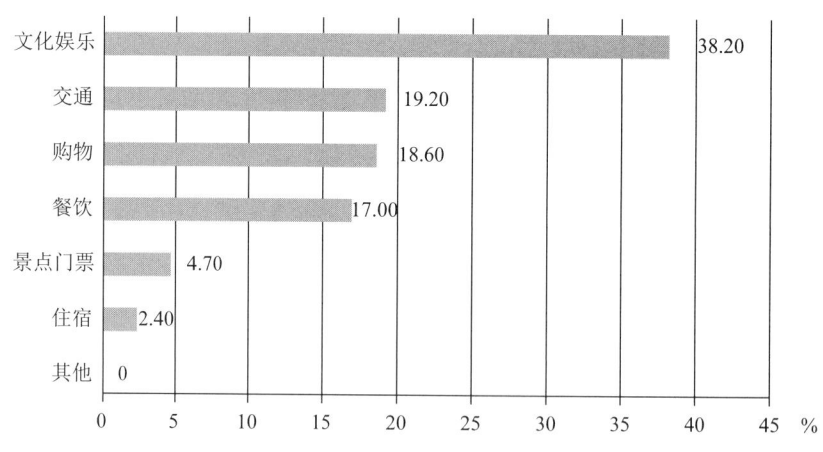

图 4-11　入境游游客消费结构

游客的旅游时间。国内游客旅游花费时间主要在1周以内,这一时段的游客占比为92.3%,接近九成。其中时间花费为2~3天的游客占比为38.60%,时间花费为4天至1周的游客占比为43%,当天往返的团队游客占比为8%,散客占比为22.10%。

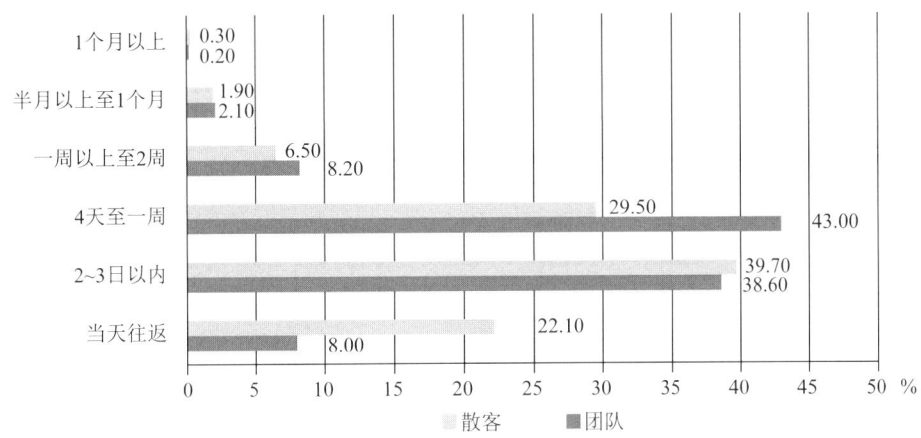

图4-12 国内游客旅游花费时间

相比国内游客来说,入境游客的旅游时间较长,当天往返的游客占比为0.4%,2~3天的游客占比为11.60%,八成游客都在4天以上,其中4天至1周的占比为38.8%,1~2周的占比为39.7%,半个月至1个月的占比为9.00%,1个月以上的占比为0.5%。

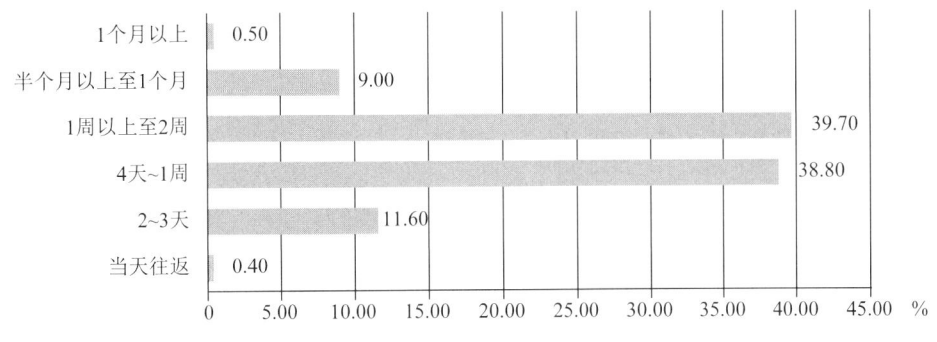

图4-13 入境游客旅游花费时间

游客的交通工具选择。国内游客最主要的交通工具为汽车、火车等较廉价而且适宜长途远行的交通工具，使用这两类交通工具的游客中，团队和散客分别占比为74.9%、59.6%。随着国民收入的不断提高和近年来航空公司对价格的不断调整，乘坐飞机出游的国内游客比重也有所增加，占比已经达到17.5%（团队）、10.8%（散客）；同时，散客群体更多选择自驾游的形式出游，占比为25.30%。超过了飞机、火车成为主要出行方式之一。游船、自行车/步行等占比较低。

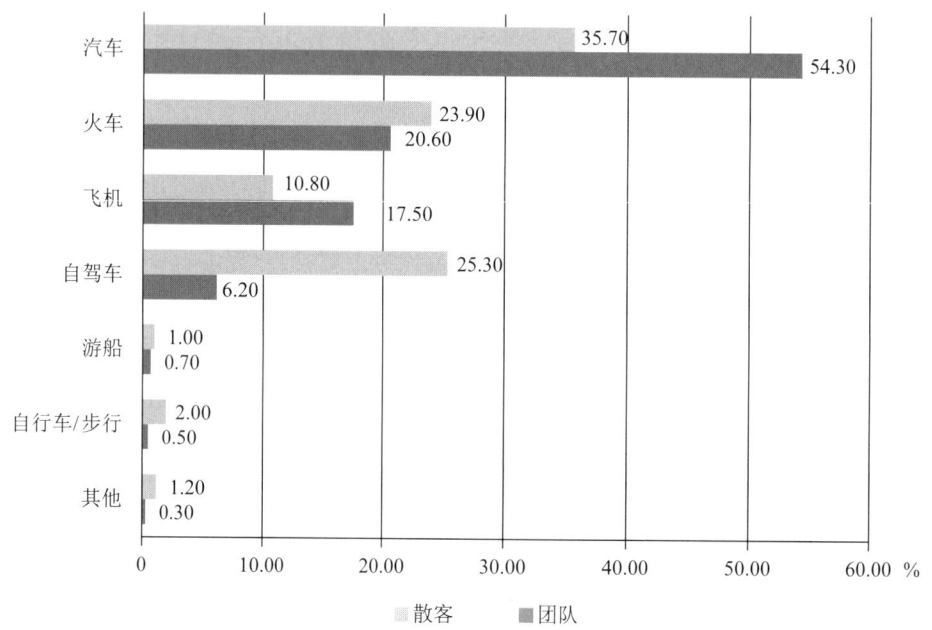

图 4-14 国内游客主要交通工具

游客游览的景点数量。国内游览观光游客参观的景点个数集中在1~5个，其中参观3~5个景点的游客最多，占比为51.9%（团队）、45.80%（散客），其次为参观1~2个景点的游客，占比为28.1%（团队）、42.8%（散客）。参观10个及以上的游客最少，仅为3.7%（团队）、2.2%（散客）。此外，还有0.3%的散客进行了无景点旅游，未到景区游览。

第四章 景区消费需求与服务质量评价
Chapter 4 Consumption Demands and Service Quality Evaluations

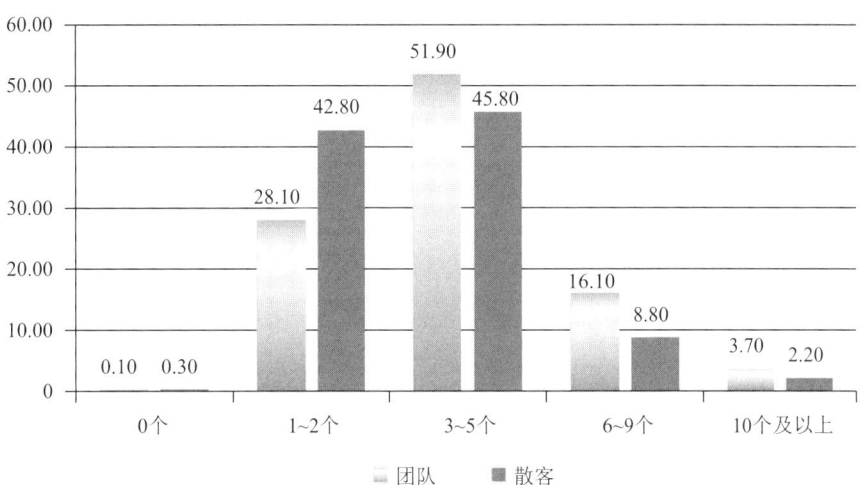

图 4-15 国内游客参观景点个数

入境游客参观的景点个数集中在 3~9 个，其中参观 6~9 个景点的游客最多，占比为 45.60%，参观 3~5 个景点的游客占比为 34.40%，参观 1~2 个景点的游客较少，占比为 4.50%，参观 10 个及以上的游客占比为 15.20%，还有 0.2% 入境游客进行无景点旅游。

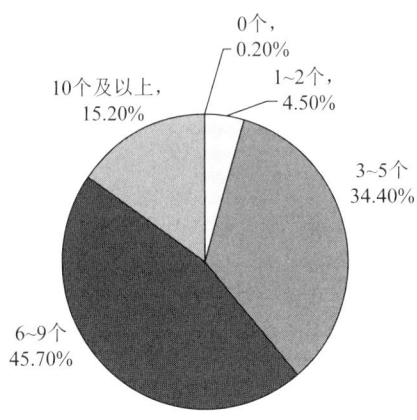

图 4-16 入境游客参观景点个数

55

二、游客对景区的服务质量评价

(一)基于游客特征的评价

2017年,国内游客与入境游客对景区景点的满意度指数分别为7.80、8.94,均处于"基本满意"水平,不论是国内游客还是入境游客对景区的评价相比2016年都有所上升。

1. 不同性别游客的评价

就国内游客而言,女性游客对景点的满意度略低于男性游客,女性游客对景点的满意度为7.98,而男性游客对景点的满意度为8.03。入境方面,女性游客对景点的满意度为8.90,而男性游客对景点的满意度为8.97,女性游客满意度低于男性游客满意度。

2. 不同教育程度游客的评价

国内游客中,硕士及以上受教育程度的游客满意度最高,小学及以下受教育程度的游客满意度最低。小学及以下、初中、高中/中专/技校、大学专科、大学本科、硕士及以上受教育程度的游客的满意度指数分别为7.57、8.01、7.91、7.94、8.09、8.16。

入境游客中,小学及以下、初中、高中/中专/技校、大学专科、大学本科、硕士及以上受教育程度的游客的满意度指数分别为9.00、9.06、8.83、8.85、8.96、9.02,初中、硕士及以上受教育程度的游客满意度较高,大学专科受教育程度的游客满意度最低。

3. 不同年龄段游客的评价

国内游客中,45~59岁的游客满意度最高,其次是60岁及以上的游客,25~34岁的游客满意度最低。15岁以下、15~24岁、25~34岁、35~44岁、45~59岁、60岁及以上的游客的满意度分别为8.03、7.99、7.92、8.07、8.11、8.10。

入境游客中，60岁及以上的游客满意度最高。15岁以下、15~24岁、25~34岁、35~44岁、45~59岁、60岁及以上的游客的满意度分别为8.67、8.81、8.95、8.96、8.96、9.19。

4. 不同归属地游客的评价

在国内游客中，农村游客对景点的满意度略低于城镇游客，来自城镇的游客对景点的满意度为8.04，而农村居民对景点的满意度为7.87。

5. 不同收入的游客评价

国内游客中，收入10 001~20 000元的游客满意度最高，收入在1001~3000元的游客满意度最低。入境游客中，收入在8001~10 000美元的游客满意度最高，1000美元以下的游客满意度最低。

表4–1 不同收入水平的国内游客和入境游客满意度

国内游客		入境游客	
无收入	8.06	无收入	8.83
1000元及以下	7.97	1000美元及以下	8.78
1001~3000元	7.65	1001~3000美元	8.80
3001~5000元	7.92	3001~5000美元	8.87
5001~8000元	8.14	5001~8000美元	9.04
8001~10 000元	8.24	8001~10 000美元	9.21
10 001~20 000元	8.35	10 001~20 000美元	9.02
20 001元以上	8.33	20 001美元以上	9.00

（二）5A景区网络口碑分析

北京第二外国语学院与中国旅游研究院基于主要OTA网站的点评，对全国5A景区网络口碑进行了网络调查，网络口碑前20名的5A景区分布情况如图 4-17 所示。

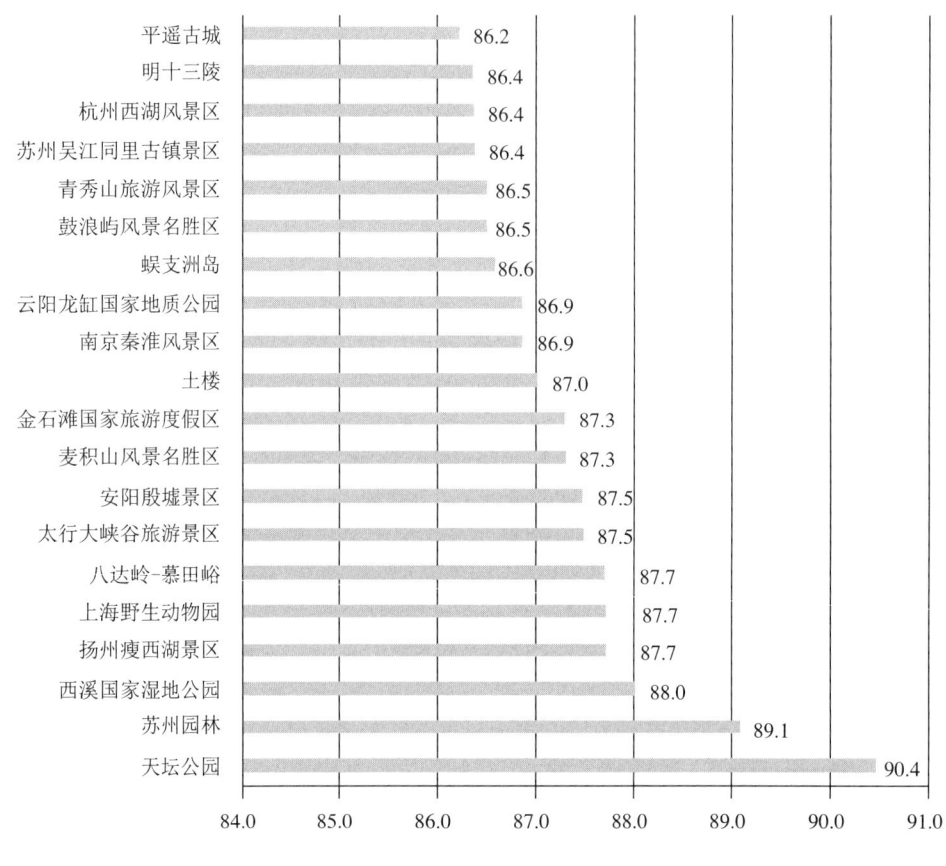

图 4-17 全国 5A 景区网络口碑

1. 分布较广，东部沿海地区居多，多位于旅游热门城市

网络口碑较高的 5A 景区在华东、华北、华南、东北、西北、西南地区均有分布，但以东部沿海地区居多，江苏、浙江、福建、上海等省市 5A 景区评价总体较高。从城市来看，网络口碑指数排名靠前的 5A 景区多位于旅游热门城市，这些城市不仅具有良好的旅游资源，也拥有相对较大的客流量，同时景区管理和游客服务相对成熟。

2. 文化古迹类、风景名胜类景区居多，自然风光与历史文化并存

参考旅游景区分类情况，按照旅游景区所依托资源属性将旅游景区大致分成自然风光类、文化古迹类、风景名胜类、主题公园类。如表4-2所示，在网络口碑评价前20的5A景区中，文化古迹类景区居多，共有9家，占比45%；其次为风景名胜类，占25%；自然风光类景区占20%；主题公园类占10%。网络口碑较高的5A景区多具有优美的自然风光或是历史文化价值较高，或二者复合。优美、独特的自然环境与历史文化价值是5A景区获得良好旅游形象的资源优势。

表4-2 网络口碑前20名5A景区类型

类型	类型解释	网络口碑评价前20名5A景区
自然风光类	以当地独特、优美的自然环境为主，当地旅游部门精心开发而成的景区	西溪国家湿地公园、太行大峡谷旅游景区、云阳龙缸国家地质公园、蜈支洲岛（4）
文化古迹类	古代时期就已经存在，却未因时间原因消逝，至今仍然存在的典型遗迹，具有一定的文化价值或历史价值的文物古迹为主的景区	天坛公园、苏州园林、八达岭-慕田峪、安阳殷墟景区、土楼、南京秦淮风景区、苏州吴江同里古镇景区、明十三陵、平遥古城（9）
风景名胜类	具有独特的风光、景物以及古迹，同时也包括有独特的人文习俗的景区	扬州瘦西湖景区、麦积山风景名胜区、鼓浪屿风景名胜区、青秀山旅游风景区、杭州西湖风景区（5）
主题公园类	以某个特定主题，采用现代科技和多层次活动设置方式，集娱乐活动、休闲要素和服务接待设施于一体的现代旅游景区	上海野生动物园、金石滩国家旅游度假区（2）

3. 网络口碑维度中信息化维度评价较高，服务、价格维度评价较低

网络口碑分别对5A景区的各个维度进行评价，包括服务、价格、设施、交通、餐饮、环境、项目、安全、信息化、厕所，如图4-18所示。

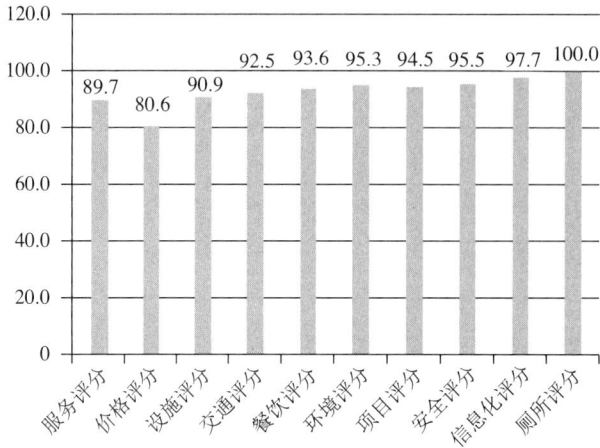

图4-18 网络口碑前20名5A景区各个维度评价

第五章

景区相关政策及法律法规助力市场主体创造美好生活：

中央重视，部委联动，抓大不放小

从习总书记到地方领导，从国务院政府工作报告到地方政府文件，从各部委联合发文到旅游主管部门政策，过去的一年，有关旅游、景区的顶层设计、讲话、文件、政策等高度密集，有肯定、有引导、有鼓励、有警示，对旅游景区意义重大。

2017年9月，习近平总书记在致联合国世界旅游组织第22届全体大会的贺词中表示，旅游是提高人民生活水平的重要产业。这一论述从经济社会发展的高度指明了发展旅游业的根本目的，旅游日益成为人民对美好生活向往的重要内容。2017年10月19日上午，习近平总书记在参加党的十九大贵州省代表团讨论时指出："既要鼓励发展乡村农家乐，也要对乡村旅游做分析和预测，提前制定措施，确保乡村旅游可持续发展。"习总书记关于旅游的系列重要论述，是习近平新时代中国特色社会主义思想在旅游发展领域的具体体现，也是指导新时代景区创新发展的纲领性指示。

一、"旅游+"首次被写入中央一号文件

2017年2月5日，中央一号文件《中共中央、国务院关于深入推进农业供给侧结构性改革加快培育农业农村发展新动能的若干意见》正式发布，首次写入"旅游+"概念。由此，一系列乡村生态类景区获得强力的政策支持和发展

基础。

文件提出，大力发展乡村休闲旅游业，充分发挥乡村各类物质与非物质资源富集的独特优势，利用"旅游+""生态+"等模式，推进农业、林业与旅游、教育、文化、康养等产业深度融合，丰富乡村旅游业态和产品，打造各类主题乡村旅游目的地和精品线路，发展富有乡村特色的民宿和养生养老基地，鼓励农村集体经济组织创办乡村旅游合作社，或与社会资本联办乡村旅游企业，多渠道筹集建设资金，大力改善休闲农业、乡村旅游、森林康养公共服务设施条件，完善休闲农业、乡村旅游行业标准等。

文件中也能看到"提醒"和"预警"。从前一阶段的实践看，需要对农业特色小镇和田园综合体的房地产化、粗放规模化和盲目趋同化保持高度警惕和提前防范。此外，关于休闲农业、乡村民宿发展过程中出现的"去农业化"、以"情怀""模式""全域"等为幌子所进行的虚体化运作，值得各地方政府和投资主体清醒认识和加强甄别。

二、2018年国务院政府工作报告指出创建全域旅游示范区，降低重点国有景区门票价格

2018年国务院政府工作报告中，在对政府工作的建议部分指出"支持社会力量增加医疗、养老、教育、文化、体育等服务供给。创建全域旅游示范区，降低重点国有景区门票价格"。随后国家为贯彻落实今年印发的《政府工作报告》关于降低重点国有景区门票价格的决策部署，促进旅游消费，推动旅游业转型升级，发改委正在研究进一步完善景区门票价格形成机制的政策文件。

随后，国家发展和改革委员会为广泛汇集社会各界智慧，提高政策的科学性、针对性和可操作性，在门户网站上开设了"我为建立完善重点国有景区门

票价格机制建言献策"专栏,专栏开设时间为 2018 年 5 月 29 日至 6 月 20 日。请社会各界人士围绕完善价格形成机制、规范价格秩序、降低重点国有景区门票价格等提出意见建议,主要包括:当前景区门票价格制定、调整及执行中存在的主要问题;对完善景区门票价格形成机制,加强门票价格管理,规范景区价格秩序的建议;对降低重点国有景区门票价格的建议等。

三、教育部将研学旅行纳入中小学必修课程

2017 年 9 月 27 日,教育部印发《中小学综合实践活动课程指导纲要》(以下简称《纲要》)。根据《纲要》,包括研学旅行在内的综合实践活动是国家义务教育和普通高中课程方案规定的必修课程,与学科课程并列设置,是基础教育课程体系的重要组成部分,自小学一年级至高中三年级全面实施。

四、原国家旅游局发布《全国旅游厕所建设管理新三年行动计划》

2017 年 11 月 19 日,原国家旅游局发布《全国旅游厕所建设管理新三年行动计划(2018—2020)》,明确提出 2018 年至 2020 年再建旅游厕所 6.4 万座,实现厕所革命"数量充足、分布合理,管理有效、服务到位,环保卫生、如厕文明"的新三年目标。

2017 年是厕所革命 3 年计划收官之年,截至 2017 年 10 月底,全国共新建、改扩建旅游厕所 6.8 万座,超额完成三年计划。厕所革命全面融入全域旅游,覆盖全国 3000 多家 4A 级以上旅游景区,并逐步扩展到全国 370 多个重点旅游城市。

五、原国家旅游局发布《景区游客高峰时段应对规范》《温泉旅游企业星级划分与评定》《温泉旅游泉质等级划分》3 项景区行业标准

2017 年 11 月 21 日，原国家旅游局发布《景区游客高峰时段应对规范》《温泉旅游企业星级划分与评定》《温泉旅游泉质等级划分》3 项景区行业标准，计划将于 2018 年 5 月 1 日起实施。

行业标准分别对景区游客高峰时段的基本要求及应对等级、温泉旅游企业的星级划分条件、服务质量和运营规范的要求等方面进行了规范。

六、原国家旅游局发布《国家工业旅游示范基地规范与评价》行业标准

2017 年 12 月 1 日，原国家旅游局批准公布了《国家工业旅游示范基地规范与评价》行业标准，该标准规定了国家工业旅游示范基地的术语和定义、基本条件、基础设施及服务、配套设施及服务、旅游安全、旅游信息化、综合管理等内容。

七、四部委联合发布《关于规范推进特色小镇和特色小城镇建设的若干意见》

2016 年 7 月 1 日，三部委联合发布通知，决定在全国范围开展特色小镇培育工作，到 2020 年培育 1000 个左右特色小镇。随着第一批、第二批特色小镇名单的公布，特色小镇建设进行得如火如荼。

2017年12月4日，国家发改委、国土资源部、环保部、住建部联合发布了《关于规范推进特色小镇和特色小城镇建设的若干意见》，提出各地要把特色小镇和小城镇建设作为供给侧结构性改革的重要平台，促进新型城镇化建设和紧急转型升级。同时要从实际出发，遵循客观规律，防止盲目发展、一哄而上，更要严控房地产化倾向。

八、两部委联合出台政策支持乡村旅游用地

国土资源部、国家发改委于2017年12月21日表示，各地可以安排一定比例年度土地利用计划，专项支持农村新产业新业态和产业融合发展。乡村旅游、农村电子商务、特色小镇、设施农业等农村新产业新业态用地正获政策支持。

为鼓励盘活存量建设用地，两部委联合下发的《关于深入推进农业供给侧结构性改革做好农村产业融合发展用地保障工作的通知》明确，对利用存量建设用地进行农产品加工、农产品冷链、物流仓储、产地批发市场等项目建设或用于小微创业园、休闲农业、乡村旅游、农村电商等农村二三产业的市、县地区，可给予新增建设用地计划指标奖励。

第六章

景区发展建议：
以共商、共建、共享的原则，
创建基于新文化、新空间的新生活

一、存在问题

(一)割裂主客

"景观之上是生活",旅游已经是老百姓常态化的生活方式,既然是生活方式,就要强调日常生活的相似性和品质化。游客来了不仅要看美丽风景,还要吃喝玩乐;当地居民吃喝玩乐之余也要欣赏美丽风景。游客和市民的指向是相同的。有的景区仍然摆脱不了"景区就是外地人来的"概念,认为景区就是要卖门票,要抢游客,一门心思花在如何新奇特、如何吸引外地人的眼球,忽略了当地人的需求、当地人的生活与休闲,后果是景区的淡旺季明显,产业链不长,二次消费严重不足,门票经济依然严重。

(二)误读景区与全域

2016年全国旅游工作会议提出发展"全域旅游",形成了旅游系统的共识。2017年"全域旅游"首次被写入政府工作报告,成为坊间热点词汇。目前全国共有两批次共500家全域旅游示范区创建单位。两年来,在全域旅游发展的大背景下,景区被一再误读。一种简单的解读是,单一的纯粹的景区不再被需要了,需要的是综合体的建设;另一种复杂的误读是,景区需要串联起来、统一起来,要在景区间建串联旅游道、要统一标识体系。全域旅游不是不要景区了,而是需要着眼于品质更高的、主客共享的生活空间打造。

（三）热情有余，后劲不足

景区的宣传中，仍然屡见不鲜的是"大空间""大项目""最新""最奇""全国唯一""全世界一流"等运动式的、堆砌式的造景行动，这种方式在某些特定地区的特定时期内可能可以吸引眼球和造势，但长期看来，缺少可持续发展的内生动力，造成景区的同质化现象。景区企业需要深挖当地的自然基因、人文基因，以及由此形成的生活特质，同时面向游客和本地人，用老百姓听得懂的话，讲述好自己的故事。

二、发展建议

（一）景区企业：着眼主客共享的生活空间打造

目前，传统景区转型升级的需要日益迫切，旅游景区投资的热度也随之高涨，在特色小镇、田园综合体、幸福产业、人工智能等一波又一波的政策推动下，以旅游名义展开的景区大规划来了，大投资和大项目也来了。可是在一哄而上的运动式开发中，却看不见人的发展；只看见了热热闹闹的政绩工程，却看不见民众的获得感；只看见越来越多的低效增量，却看不见存量资源的务实盘整。一部分景区在做出热情的畅想、喊出动听的口号之后，陷于停滞不前的泥潭。2017年景区游客出游频率在两周一次和一月一次的占比均高于2016年，高频用户会越来越多，事实证明只有日常化、高频化的旅游消费活动才可以构建良性发展的旅游经济，才能平抑景区企业淡旺季的波动，相较于外来游客特别是远程市场的游客，当地居民的近程旅游、微旅游和公共休闲才是持续的、高频的。景区企业不应该只盯着如何把外面的人引进来，更要紧盯生活在景区周边的市民休闲需求。

（二）景区产业：坚持市场主体创新，主动融入国家发展战略

国民经济从来都是由成千上万的市场主体与千千万万的消费主体的市场互动中形成的，景区产业的发展更是离不开市场主体的广泛认同、共同参与和创业创新。"多好、多伟大、多创时代"的宏伟蓝图都需要更多人，特别是企业家和经理人员以脚踏实地的工匠精神把这张蓝图落地，成为一个个看得见的旅游项目、消费得起的旅游产品和高效、诚信、有品质的旅游服务，从而吸引越来越多的游客来欣赏美丽的风景，体验丰富多彩的文化，分享本地居民的当代生活方式。从这个意义上说，国家战略从来就不是高高在上的文件和口号，更不是某些特定机构的专利，而是与市场主体息息相关，景区市场主体扎实做好日常的投资、运营、管理和研发创新就是为国家战略服务。如果再能够以创新意识和商业能力解决旅行过程中消费痛点的同时，还能够引领和创造新需求，那就不仅是服务国家战略，而是国家战略特别是旅游发展战略要服务的对象了。从这个意义上说，市场主体要深入了解国家战略，主动融入和积极承担国家战略。

（三）旅游主管部门：共享为理念，全域为视野，优质为抓手

坚持共享的发展理念，实现从美丽风景资源驱动到美好生活市场导向的转变。主客共享需要勇气，将城市公园和公共景区进行敞开式改造，将绿地还给市民，将品质分享给游客。杭州的"免费西湖游模式"，免票不仅没有亏本，反而给杭州带来了意想不到的效益。同时，也要做好东中西部不同的大区域以及小气候的因地制宜发展，西湖免费也好，特色小镇也好，包括主题公园等的建设切不可全盘照搬，寄希望于一蹴而就。

全域的视野需要景区建设以优质为抓手，实现从卖美丽风景到卖美好生活的附加值提升。景区是花朵，区域是土壤，全域视野要求既不能脱离景区的核心吸引，也不能只关注景区景点，而要着力于整个区域旅游软硬件设施的配套与完善以及生活氛围的打造上。东部地区出游力旺盛、基础设施完善，要更多关注商业、服务等软环境的优化提升，在美好生活的品质上下功夫；中西部地区，不仅要看到眼前的风景，更要分析远方的市场，要借助政策、资本等外部力量，完善区域公共服务等基础设施，逐步培育美丽风景衬托中的美好生活氛围。

三、未来的景区：基于新文化、新空间的新生活

长久以来，对国人来说，旅游，包括那些口口相传的美丽风景对多数人都是可望而不可即的事情，也都是少数人才能从事的活动。直到1999年第一个载入史册的国庆"黄金周"，旅游才真正地与国民大众的日常生活，与市场主体的创业创新挂起钩来，而长城、故宫、兵马俑、黄山等自然历史景区也成为旅游的代名词，直至今天依然与主题公园、创意广场、无景点景区等新兴的业态一起占据着旅游核心吸引物的地位。2018年政府工作报告指出"降低重点国有景区门票价格"更是体现了景区满足人民群众对美好生活向往的重要性。景区业走过了四十年，"提质""创新""升级""转型"等口号也喊了多年，到底景区下一步的方向在哪里？影响景区发展的因素又是什么？

景区业的未来必然与科技，与创新，与年轻人和时尚息息相关。科技无所不在地影响着人们在惯常环境的生活方式和异地的旅行方式，因此谈论科技，特别是新型科技应用成了涉旅涉景的显话题。互联网、大数据似乎都已经OUT（过时）了，现在不带上IP、VR，似乎都不好意思谈景区谈未来。不可否认，知识产权、虚拟现实，还有太空技术，必然会影响景区消费和市场创新，但是现实的景区发展中，究竟这些热闹在网上的新技术到底给景区的发展带来哪些实际的影响，这些总要落到景区给游客的体验感上才可以。

从景区业发展伊始,创新的脚步就没有停止过,未来的景区必然与市场主体的商业创新有关,可是市场主体却从来不是景区供给的全部。事实上,绝大部分可以用来发展旅游的资源都源于自然馈赠、历史馈赠,而在大众化和散客化的时代,景区周边的基础设施建设和公共服务,城乡社区居民的广泛参与更是越发显得重要。因此,对未来景区的思考,特别需要宏观的时空观,需要基于对社会全体对民众生活的本质把握,才能找准景区未来的发展方向和践行手段。

中国旅游研究院戴斌院长指出,年轻人正在改变旅游的世界,可是未来的旅行者和业者不仅有年轻人,还有中年人、老年人和少年儿童;不仅有面向散客市场的休闲、度假和商务旅行产品,还有面向团队市场的观光旅游产品;不仅有掌握新理念、新技术和新专业能力的先锋群体,还有坚守传统、致敬经典的"工匠精神"。总之在不否认未来属于年轻人的同时,更要看到对我们这样一个拥有近14亿人口的发展中大国,又处于大众旅游从初级阶段向中高级阶段演化的时期,无论是分析现状,还是研判趋势,都绝不可以轻易下论断,更不可以指望开几次会议、做几场报告、发几个文件就可以把景区业导向可持续的未来。

(一)景区未来的指向:新生活

当前,大众旅游正在从初级阶段向中高级阶段演化,如果说早期的旅游仅仅满足了人们开阔眼界的需求,当代旅游则要使游客能理解和感悟他人的生活和思想,并把这些理解和感悟融入自己的生活和思想。生活和思想的张力孕育了文化,只有参悟透器物背后的思想、融入生活的体验,才能真正地理解一种文明、一种文化。对待生活,我们不能仅仅用科学或科技的力量,更要用人文精神来表达。综观世界上那些成功的旅游项目,就会发现只有那些能够打动民众日常情感的项目才有持久的生命力。因为,它直接关照的是有血有肉的真实存在的人，而不是一个被科技和物质操纵的符号。只有当景区旅游开发对当地人的生活予以倾心关注并精心呈现，才能够吸引异地游客的到访。

（二）新生活的基石：新文化、新空间

如同"景观之上是生活"那样，新生活也需要以文化为基石，以空间为载体。文化是民族生存和发展的重要力量，习近平总书记指出文化自信"是更基础、更广泛、更深厚的自信"，具有更基本、更深沉、更持久的力量。对景区业来说，随着大众旅游新时代的到来，对文化的认可和重视已经成为景区建设运营的应有之义，文化是景区的核心竞争力已经深入人心，但景区业经过几十年的发展，究竟如何回答什么是文化，文化又怎样为景区发展注入新动力，如同文化之于民族于国家，文化也是事关景区发展成败的关键。

最初的景区建设习惯了通过浅层次的符号来进行文化构建，忽略了功能环境和行为表现，也因此经常在景区能够见到的景象是：曾到此一游的名人雕像，著名诗人为景区写下的诗词，著名人物的墓地，等等，更有金字塔、凯旋门、白宫、金门大桥等越来越多的山寨建筑、山寨景观、山寨小镇，这些浅层次的文化表象在旅游发展相对初级或者刚刚起步的地区仍然屡见不鲜。不容否认，这些浅层次的文化符号对于部分三四线城市、对于那些还没有迈出国门者可能还有一定的吸引力。但是总体上看，这种现象不应当也不可能成为我国景区开发建设的主流价值取向。如果说以深圳世界之窗、中华民族园等微缩景观为代表的第一代主题公园的成功，在于满足了国民大众对"世界那么大，我想去看看"而不得的替代品，在于开发团队对海内外地理标志和特色景观元素的再创造，那么今天依然执着于山寨海外的地标建筑和小镇，依然执着于名人墓地、名人故里的抢夺则是缺乏文化自信和创造力不足的表现。

文化终究要落到可感知的载体上，这就需要一种与之切实相接的空间。以中国之美丽、文化之多彩和生活之幸福，每个地域、每个社区、每个季节都有取之不竭、用之不尽的自然资源和历史文化可供挖掘、整理和开发。比如浙东的"唐诗之路"、苏杭的民宿雅集、宁夏固原的博物馆之旅、甘南的"全域旅游无垃圾"等，都是基于本土资源培育当代"主客共享"的新空间。

这个新空间是一个以人为本，与自然协作，融入现代化技术的空间。这个新空间是既有美丽的风景，又有美好的生活。如乌镇，是一个基于传统文化下的江南水乡格局的新空间，古镇风貌、格局、建筑、河流是原来的样子，基于现代人的生活需求和现代技术的发展，构造出的是一个新空间。莫干山裸心谷，是一个基于山地度假的新空间，抛弃简单直接的文化符号，以人为本，符合人的需求，贴近自然，尊重自然。新空间的构建，对传统文化的尊重很重要，考虑多种表现方式，允许更多不同文化的融入，这就是自信的体现。

旅游景区是一个弘扬优秀文化的空间，是一个与自然交流的空间，是一个分享美好生活的空间。文化和旅游体系的构建要从四个层次来规划：解读、呈现、传承、转化。解读是在认识全面的基础上，立足当代立场，进行系统化诠释；呈现是运用各种艺术和技术手段，实现文化旅游资源的产品化。从空间、符号、行为三方面进行表达；传承是忠实体现人类文化、中华优秀传统文化、革命文化和社会主义先进文化的内涵；转化是以文化和旅游产品化的方式促进中华文化的当代化，实现精神价值促进文化发展。通过这种建立发现风景、创造风景、营造优质生活的模式，实现景区从旅游化到生活化的转变。

四、黄山—齐云山：满足人民美好生活需要的本底资源和新空间

1978年中国开启了改革开放的历史进程。1979年邓小平同志"黄山讲话"打开了世界了解中国的大门，揭开了中国人民向世界宣示和展现我们改革开放

的决心与勇气的序幕，也开启了我国旅游业现代化的脚步。谈旅游的历史，跨不过黄山；谈今日的旅游，缺不得黄山；谈未来的旅游，更少不了黄山。

从天时地利人和的39年前开始，具有旅游业里程碑意义的黄山就和长城、故宫、桂林山水等名胜古迹一起，作为入境旅游接待的基础，成为外国游客眼里的中国名片。在交通、住宿、餐饮、购物等商业环境和公共服务尚不完善的情况下，没有黄山这样举世闻名的人间盛景，入境旅游是很难顺利起步的。就国内而言，在很长一段时间里，黄山为代表的传统景区就是旅游业的代名词，也是老百姓对旅游业的第一认知。1999年的国庆"黄金周"标志着国民旅游时代的到来，绝大多数游客也是奔着黄山这样的核心吸引物而去的。

党的十八大以来，黄山市以全球性的旅游视野，根据旅游经济发展趋势，从城乡融合发展的角度，结合经济社会发展的需要，引领传统旅游景区从数量增长型迈向质量驱动型，从山岳型景区发展转向城市旅游目的地建设。与黄山一起素有"黄山白岳相对峙，细看从来无厌时"的齐云山，凭借道教文化与时尚休闲消费文化相结合的优质生态文化旅游资源，逐步走入黄山旅游的前台，通过生态文化旅游区、养生度假旅游特色小镇建设，以营地、客栈、古街等为核心产业，突出养心、养老、养生主题，打造集食、住、行、游、购、娱于一体的"国际文旅游憩目的地"，开启了旅游度假的新格局。景观之上是生活，日常化、高频化的旅游消费活动才可以构建良性发展的旅游经济，才能平抑景区企业淡旺季的波动。党的十九大以来，在文化和旅游融合的新时代下，黄山—齐云山立足于本地人的生活和文化，以开放的姿态，加以脚踏实地的科技支撑，通过吸引当地居民的近程旅游、微旅游和公共休闲活动，构建起本地人与外地游客共享的空间，再一次成为满足人民对美好旅游生活需要的引领者。

责任编辑：郭珍宏

图书在版编目（CIP）数据

中国旅游景区发展报告. 2018 / 中国旅游研究院，中国旅游景区协会著. -- 北京：旅游教育出版社，2018.8
ISBN 978-7-5637-3803-8

Ⅰ. ①中… Ⅱ. ①中… ②中… Ⅲ. ①旅游区－经济发展－研究报告－中国－2018 Ⅳ. ①F592.3

中国版本图书馆CIP数据核字(2018)第194850号

中国旅游景区发展报告（2018）

中国旅游研究院
中国旅游景区协会 著

出版单位	旅游教育出版社
地　　址	北京市朝阳区定福庄南里 1 号
邮　　编	100024
发行电话	（010）65778403　65728372　65767462（传真）
本社网址	www.tepcb.com
E - mail	tepfx@163.com
排版单位	北京旅教文化传播有限公司
印刷单位	北京中科印刷有限公司
经销单位	新华书店
开　　本	787 毫米 × 1092 毫米　1/16
印　　张	5.75
字　　数	68 千字
版　　次	2018 年 8 月第 1 版
印　　次	2018 年 8 月第 1 次印刷
定　　价	50.00 元

（图书如有装订差错请与发行部联系）